やさしく導く
前向きになれる

はじめての
タロット占い

Tarot card

あんずまろん

✤ はじめに ✤

タロットをもっと身近に感じてみませんか?

あなた様が抱く、タロットカードへのイメージは何でしょうか?

怖い?　難しそう?　よくわからない?　それとも神秘的?

考え方は人それぞれで、きっと正しい答えはどこにも存在しません。

なぜなら、あなた様が選んだ答えはすべて正解だからです。

タロットも同じで、元々の意味はあれども、

そこからどのように解釈するのか、どのように受け取るのか、

それはすべてあなた様が感じたことが正解なのです。

タロットカードは怖いものではなく、怪しいものでもない。

あなた様の未来を予言する恐ろしいものでもないのです。

毎日をご自分らしく過ごしていくうえで、

そのためのひとつのツールとしてうまく使っていくものだと、

私はそう思います。

この本を読み終えたころには、

きっとまた新たな答えが出ているのでしょうね。

そのときは、どうか私に教えてください。

さあ、いっしょに新たなタロットの世界を楽しみましょう。

 あんずまろん

Contents

Part 1 タロットカードの意味を知ろう

大アルカナとは重要な意味を秘めた22枚のこと ……… 20

小アルカナは計56枚。4種のスートが表す人生の物語 ……… 44

Part 2　はじめてのタロットを楽しもう

Part 3 鑑定例でリーディングを見てみよう

Part 4 オラクルカードで
インスピレーション!

この本の使い方

インスピレーションで未来を伝える
神秘のカード占い

　この本は、タロットカードにはじめて触れる初心者も
かんたんにタロット占いを始められるよう、カードの基
本的な意味からリーディング例までを掲載しました。巻
頭記事から順番に読み進めれば、自然にタロットへの
理解が深まり、楽しくタロットを始めることができます。

Point1
基本的なタロットの
楽しみ方をやさしく解説

　基本的なカードの意味、並べ方、
質問例などを掲載。はじめてタロッ
ト占いをする人でも、読めばすぐに
試せます。初心者向けのQ&Aを
豊富に盛り込んでいるので、疑問も
すぐに解決できます。

Point2
あんずまろんによる
優しい寄り添いリーディング

　この本では基本のカードの意味あ
いと併せ、あんずまろんによる解釈
も確認できます。強すぎず、温か
いキーワードだから初心者も安心で
す。悩みや課題に寄り添ってくれる
言葉に、ほっとできるはず。

Point3
実際のリーディング例で
インスピレーションに触れられる

　Part2のサンプルやPart3の鑑
定例では、実際の相談に対するあ
んずまろんによるリーディングを掲載
しています。人気フォーチュンテラー
のインスピレーションに触れ、楽しく
前向きに占っていきましょう

Point4
気になるオラクルカードの
解説もついている！

　本書ではタロットカードのほか、オ
ラクルカードについても紹介してい
ます。オラクルカードとは何なのか、
どんなふうに占えばいいかがすぐに
わかります。タロットといっしょに始
めるのもおすすめです。

本書で扱うタロットについて

タロットカードは
ウェイト・スミス版です

タロットカードには多くの種類が存在していますが、本書では最も普及しているウェイト・スミス版を採用し、掲載しています。さまざまなタロットカードの基礎となっているので、お手持ちのタロットの解釈にも役立ちます。

タロットカードの順番は
ウェイト・スミス版に準じます

タロットカードの種類によっては、大アルカナの順番を見たときに、Ⅷが「正義」、Ⅺが「力」になっているものもあります。本書では掲載の順番をウェイト・スミス版に準じています。お手持ちのタロットカードの数字も確認してみましょう。

正位置・逆位置を
区別して解釈しています

占い師によっては、タロットの正位置・逆位置を気にしない方法を採用している方もいます。本書では、タロットの正位置、逆位置を区別して解釈しています。どちらが出るかでメッセージの意味合いが変わるので、注目してみましょう。

あんずまろんによる
解釈例に注目！

本書はあんずまろん監修のもと、基本的な知識をつけることに重点を置いたタロットのハウツー本です。同時に、あんずまろんならではの解釈がわかるリーディング例も掲載しています。タロットから何を感じるかは占う人次第。占いをポジティブにとらえて、親しんでいきましょう。

タロット占いの基礎知識

タロットカードって、いったい何？ タロットを始める前に知っておきたい基礎知識をまとめました。タロットカードに親しんでいきましょう。

インスピレーションで未来を伝える神秘のカード占い

タロット占いというと「なんだか難しそう」と感じてしまうかもしれません。しかし、そんなことはないのです。タロットに興味を持った人なら、誰でもいつでもタロット占いを始めることができます。有名な占い師でも、今日初めてタロットに触れるビギナーでも、カードは平等に人を導いてくれます。

タロットに描かれた絵柄には、それぞれ意味やメッセージが込められています。占う人がめくったカードのなかに、質問者の心の奥深くにある本当の気持ちや、近未来などが隠されているのです。

タロットの指し示す答えやアドバイスは読み解き方次第。占う人のインスピレーションや質問者のコンディションによって、同じカードでも違う意味を表すことがあります。基本的な意味合いはある程度定義がありますが、自由な発想で悩みの解決法を見つけたり、未来を見つめたりしてください。

何よりも、まずはカードに慣れるところから始めてみましょう。

タロットカードで占えることとは？

具体的な質問で、どんな内容でも占えます

タロット占いは、恋の悩みはもちろん、仕事について、友だちや家族などの人間関係について、健康問題など、どんな悩み、質問についても占うことができます。

ただし、占ってはいけないとされているものもあります。**「人の生死に関わること」「犯罪、犯人に関わる相談」「ギャンブル、株、投資など金銭に関わる相談」「なくし物に関すること」は禁止事項。**また、タロット占いで示される未来とは、基本的には3〜4か月先のことであることも知っておきましょう。

タロットカードは大アルカナと小アルカナの計78枚

タロットカードは全部で78枚。大アルカナと呼ばれる22枚の絵札と、小アルカナと呼ばれる56枚に大きく分かれます。78枚すべてそろった状態を「フルデッキ」と呼びます。

大アルカナ22枚は、神秘的な絵柄が描かれていて、その意味も抽象的。「人生をどう生きるべきか」「今の課題をどう乗り越えるか」といった、大筋での方向性を示してくれるカードです。

小アルカナは1〜10の数札40枚と、人物が描かれた16枚のコートカードに分けられます。小アルカナは日常生活に根差した絵柄が特徴で、細かな事象を表しています。

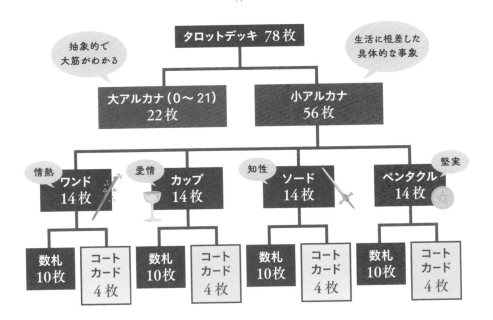

占うときは…

タロット占いをするとき、カードの扱いや意味ばかりが気になりがちですが、大切なのは質問者の気持ちの状態です。心身がすごく疲れていたり、メンタル的に弱っていたりする状態でタロットに質問をしても、気分が落ち込んでしまう可能性があります。まずは自分の悩みが何なのか、気持ちを整理する必要があります。落ち着いた気持ちの日に占うことで、自分が知りたかった本当の答えがわかるかもしれません。

リーディングの方法はさまざま

タロットカードはヨーロッパで15世紀ごろから親しまれてきた歴史をもちます。カードの意味の解釈や表現、スプレッド（カードの広げ方・形）には絶対的な定義はなく、定まった解釈やリーディング方法は存在していません。この本では、ビギナーが始めやすい基本的なスプレッドと、著者による解釈例を紹介しています。ここから自分の世界観で、自分だけの占い方を作るのも自由。自分が納得できるリーディング方法を作っていきましょう。

スプレッドの紹介は79ページ〜のChapter2へ➡

どうして当たるといわれているの？

タロットカードは的中率が高いといわれています。宇宙からのメッセージや高次元の存在、無意識・潜在意識の領域のもの……とさまざまな理論がありますが、不思議なものであることは間違いありません。

こういったスピリチュアル的なことに、本当の答えはありません。だからこそ不思議でおもしろい、わからないのによく当たる、また占ってみよう、という感覚で触れ合っていけばよいでしょう。

前述のとおり、タロットカードは本来とても自由で、占う人を選ばないところが魅力です。スピリチュアルなものがわからない人でも、インスピレーションが浮かばないな、と思っている人でも大丈夫。まずはカードと触れ合い、自分の気持ちと向き合ってみましょう。

カードからのアドバイスは、どうとらえればいい？

カードからのメッセージや解釈は、「今、このまま進むと、こうなる可能性がありますよ」という意味合いのものです。カードからのアドバイスは、深く受け止めすぎずに、「参考にできそうだったらやってみよう」「そうか、ちょっと自分自身を振り返ってみよう」という感覚で、考え方や行動を変えるきっかけにすればよいでしょう。アドバイスどおりに行動しなかったから不幸になる、ということでは絶対にありません。

占いなので「当たる」「当たらない」が気になりがちですが、大切なのは、占う人が**どうありたいか、という気持ち**なのです。

カードからのアドバイスや結果を聞いたときに、どうしたいと思ったかが重要です。すべての行動の決定権は占いの当事者自身にあります。タロットからのメッセージをどのように受け止め、どう行動していくかは、それぞれの自由なのです。「意味がよくわからないな」と、いったんスルーするのも自由です。

タロットからのメッセージはもっと身近に、好きなように受け取ればよいのです。たとえるなら、おうちの方から「道で転ばないように気をつけてね」と言われたときに、「そうだな、気をつけて歩こう」と思う、それと同じようにとらえましょう。

タロットカードは、いつどこで生まれた？

約500年前からヨーロッパで親しまれていた

タロットカードの起源ははっきりわかっていませんが、15世紀ごろに北イタリアで作られたものが最古の記録です。その後、「マルセイユ版」と呼ばれる、素朴なタロットカードがヨーロッパ中で親しまれていました。本書に掲載している「ウェイト・スミス版」は19世紀に魔術結社「黄金の夜明け団」に所属する神秘主義者アーサー・エドワード・ウェイトが考案。現在、もっともベーシックなタロットカードとして全世界に普及しています。

17〜18世紀に普及した「マルセイユ版」タロットカード。

はじめてのタロットカード

必要なタロットカードを用意し、自分だけの
タロット占いを始めてみましょう。その方法を紹介します。

まずはあなたのカードと交流しましょう

　タロット占いを始めるには、まず
はタロットカードを準備しましょう。
タロットカードは大きな書店のほか、
インターネットなどで気軽に買うこ
とができます。カードと1対1で交
流を深めて、メッセージを交わせる
よう、できれば自分専用のカードが
あるとよいでしょう。

　この本でも掲載している基本となる「ウェイト・スミス版」のほか、自分
が気に入った好きなサイズや絵柄のものを選ぶのもおすすめです。

　タロットカードを入手したら、順番どおりに並んでいる新しいカードに触れ、
1枚ずつ絵柄を眺めながら交流を深めます。身近で親しみのある存在になれ
るとよいですね。

● 占うときの環境について

気持ちを切り替えるためにティンシャを
鳴らすのも方法のひとつ。

　清潔なテーブルに専用のクロスを敷いたり、占いを
始める前にお清めをしたりするのは、とてもよいことで
す。その方法は自由なので、占う人自身がストレスを
感じない方法でやればOK。決まりはありません。

　著者・あんずまろんは、シンプルなテーブルに好き
なぬいぐるみを置いてタロットを引いています。また、
リーディング前に気持ちを切り変えるために、毎回、
ティンシャという楽器を鳴らすそう。自分が落ち着ける
環境を作り、心穏やかに占えることが大切です。

正位置と逆位置

タロットカードはトランプに少し似ています。大きな違いは、上下の向きがあるところ。占う人から見てタロットカードの絵柄が正しい向きに出ることを「正位置」、絵柄が上下反対に出ることを「逆位置」と呼びます。「正位置」と「逆位置」で、カードが示す意味が異なるため、リーディングのときは、まずカードの正逆を正しく把握する必要があります。

正位置は、そのカードの象徴する意味をそのまま読み取ります。逆位置の場合は、「正位置の逆の意味」

正位置　　　逆位置

「正位置の意味が弱まった状態」、または「正位置のもつ性質の改善すべき点が出てくる」と解釈していきます。

イメージを自分の言葉で解釈すれば○K

自分の言葉で解釈を

タロット占いは毎日続けるうちに占う人になじんでいくもの。しかし、続けられず挫折する方もいます。カードの意味を覚えられない、正位置・逆位置の読み方の違いにつまずいてしまう、という方も多いようですが、その考えを変えてみましょう。

各カードに基本的な意味はありますが、その解釈、広げたイメージ、表現方法は人それぞれ自由です。本に書かれていることを暗記するのではなく、占う人自身がカードの絵柄を見つめ、感じたことを自分の言葉に置き換えて解釈することが、タロット占いの本質です。カードの正位置の意味を自分なりに解釈し、逆位置の意味合いや改善点がどういったものか、時間をかけて熟考することを続けてみましょう。

はじめてのタロット
Q & A

タロットを始めたい初心者の方向けに
あんずまろんが質問に答えます。

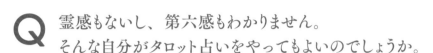

Q 霊感もないし、第六感もわかりません。
そんな自分がタロット占いをやってもよいのでしょうか。

A タロット占いはだれでもできる、自由なものです。霊感や第六感は必要ありませんので、何も気にせずにどんな方でもやってみていただきたいです。お子さまでも大丈夫。難しいことを気にせずに、感じるままにタロットを引いてみてください。「インスピレーション」というと難しく感じますが、「ピンときたもの」「何となくこれ」と思ったカードでOKです。タロットには神秘性や不思議な力は確かにありますが、占う方はどなたでも大丈夫なのです。

Q 「死神」「悪魔」「吊るされた男」など怖いカードに、
辛いことをいわれそうですが……。

A 確かにそれらのカードは、おどろおどろしいし怖いですよね。そういった一見怖いカードも、紐解けば怖いだけの意味ではないことがわかります。例えば、お相手との関係を聞いたときに「悪魔」が出てしまうと「あの人は遊びなんだ……」「よくない関係かも」ととらえてしまいそうですが、そうではなく、「お相手に夢中になりすぎてませんか?」「ほかのことをしてみてもいいかも」という意味にとれます。カードのメッセージが、あなた様が本心ではどう思っているか、どうしたいと思っているのかを教えてくれようとしている、暗示してくれていると思えば、違った意味に広がってきますよ。

Q カードからのメッセージを重く感じます。
どうとらえていけばよいか教えてください。

A 　星占いでも同じですが、その日のランキングで最下位だったからといって、絶対にその日は悪いことが起きるかというとそうではないですよね。人間関係に注意、と出たから「言葉づかいに気をつけてみよう」と思うように、とご自分の行動・言動に注意したり、普段の行いを振り返ったりできるのが、占いのよいところです。それは、タロット占いも同じなんです。タロットは何となく怖そうだったり、神秘的だったりして、その答えを重く感じてしまう方もいますよね。だけど、タロット占いは本来もっと身近で、あなた様の味方になってくれるもの。そういう考え方もあるんだな、と気持ちを切り替えるきっかけにしてもらえればよいと思いますよ。

Q 友だちからタロットカードをもらいました。
そのまま使っても大丈夫？

A 　ご自分専用のタロットカードにするために、簡単にでも浄化をするとよいでしょう。私は月の光にあてて浄化させるときもあります。そのとき、ご自分の好きな香りのお香をたくのもおすすめです。浄化にも所説あるので、正解はありません。ご自分の好きな方法、納得できるやり方を見つけてみてくださいね。

Q あんずまろんさんがタロット占いを始めたきっかけは？

A 　もともと星占いなども含めて、占いを読んだり、調べたりすることは好きだったのですが、ある日、街の占い師さんにタロット占いをしてもらったときに、自分ならこういうリーディングのしかたはしないな、と思ったことがあって……。それが本格的に自分で占うようになったきっかけです。言葉の選び方やとらえ方について、自分と同じような思いをする方を減らしたい、占いの怖いイメージを変えたいという思いがあります。それを伝えるために、YouTube チャンネルを立ち上げました。みな様が毎日をマイペースに過ごすためのきっかけになればと思っています。

教えて！ あんずまろん！

かわいいタロットカード

古典的な意味を残しつつ、キュートで気分が上がる、
あんずまろんおすすめカードはこちら！

※問い合わせ先は巻末の奥付に掲載しています。

BLISSFUL DOLPHIN TAROT
ブリスフル ドルフィン タロット

幸運をもたらす象徴といわれるイルカ
さんをモチーフにしたタロット。 かわい
い絵柄に、 癒されながらリーディングで
きること間違いなし！／Ⓐ

DREAMING CAT TAROT DECK
ドリーミング キャット タロット

優しい色使いとかわいい猫さんが特
徴のタロット。 思わず笑みがこぼれる
キュートさで、 持っているだけでも気分
が上がりそう。 ／Ⓐ

IDEAL SOULMALE TAROT
アイデアル ソウルメイル タロット

美しいメイル（男性）たちのエネル
ギーを感じられる、 幻想的なタロットで
す。 親しみやすいテイストなので、 リー
ディングの幅も広がります。 ／Ⓐ

JAPANESE ANIME TAROT
ジャパニーズアニメ タロット

日本のアニメーションのエネルギーを
取り入れたタロットがこちら。 繊細で美
しいグラフィックが、 幸せへのメッセー
ジを届けてくれます。 ／Ⓐ

Part

1

タロットカードの
意味を知ろう

タロットカードに秘められた基本的な
メッセージをご紹介します。

※【解釈例】は、著者のあんずまろんによるキーワードです。

大アルカナとは
重要な意味を秘めた22枚のこと

タロットの基本の22枚。
大きな決断をサポートしてくれます

　タロットカードは全部で78枚あります。そのうち22枚のカードを大アルカナといいます。0番の「愚者」から、21番の「世界」まで、人生に対する世界観が表現されています。人が「愚者」から成長し、「世界」で完成して終わる、という人の生き方にたとえて解釈するのが一般的です。ただし、その解釈はさまざまあり、絶対的な解釈というものはありません。いろいろなタロティストの考えや解釈から、あなた様の考えに合った解釈や意味を広げて占っていけばよいでしょう。

　大アルカナのカードには、羽根の生えた人や白い犬、スフィンクス、無限大マークなど、不思議なものが描かれています。これらのアイテムやシンボルが表すのは、人の喜怒哀楽や情愛、自然・社会の法則です。神秘的で不思議な大アルカナは、あなた様の悩みに対して大きな方向性を定める力をもっています。各カードのもつ意味を把握していきましょう。

❋ まずは大アルカナから慣れてみよう

　タロットカードが全78枚そろっている状態を「フルデッキ」と呼びます。枚数が多いためビギナーには扱いづらいこともあるでしょう。まずは大アルカナに慣れるのがおすすめです。素直な心でタロットの世界観に浸り、自由な想像力で自分のタロットを楽しみましょう。小アルカナを扱うのは、それからでも十分です。

カード解説の読み方

❶ カードの絵柄

本書では、もっともポピュラーなウェイト・スミス版タロットを使用しています。大アルカナ 22 枚には英語でカードの名前と数字が描かれています。

❷ カードの名前と　カード番号

0「愚者 THE FOOL.」〜 XXI「世界 THE WORLD.」までのカードの名前と番号です。

❸ カードの　基本的な意味

何が描かれているか、またそのカードのシンボルがどういった意味をもつかを解説しています。

❹ 基本の　KEY WORD

そのカードのもつ核となるキーワードです。このキーワードを軸に、自分なりのイメージを広げていきます。迷ったときは、このキーワードに立ち返って基本の解釈を深めましょう。

❺ 正位置の意味

カードが正位置（絵柄の上下が正しい向き）で出た場合の、カードが示す基本的な意味を紹介しています。

❻ 逆位置の意味

カードが逆位置（絵柄の上下が逆向き）で出た場合の、カードが示す基本的な意味を紹介しています。

❼ あんずまろんの　解釈例

著者・あんずまろんが各カードからインスピレーションを得た解釈例です。あんずまろん流の読み解きメッセージとして参考にしてください。

愚者

若者が冒険に出ようとしています。意気揚々と歩くその様子から、彼の恐れ知らずで、何にも束縛されない自由な心が見て取れます。しかし、足元には危険な崖が。白い犬が警告しているようにも見えますが、彼はそれに気づいていません。何が起こるかわからない無限の可能性が秘められています。

基本のKEY WORD　**自由・冒険**

正位置

何も決まっていない
無限の可能性

若者の可能性という意味合いが強くなります。まだまだ未熟で、結果はわからないけれど、とにかく突き進むという勇気や情熱を表しています。枠にとらわれることをやめ、独自のアイデアをもって一歩を踏み出せば、未来への可能性が広がるかもしれません。

━━━│ あんずまろんの解釈例 │━━━

新たなスタート／未知数／アイデアの芽生え／重荷を手放す／出発／チャレンジ／細かいことは気にしない／心機一転／まわりを気にしない／刺激的

逆位置

非現実的な
夢追い人

慎重になりすぎて、前進する勇気が出ないという状況です。また、若者のような無鉄砲さや非現実的な夢を追っている人という意味も。奇抜なアイデアや思いつきで行動するのはちょっと待ったほうがよさそう。成り行きまかせにならないように気をつけましょう。

━━━│ あんずまろんの解釈例 │━━━

実は内観中／未開発・未熟／初心者ゆえてこずる／期待に応えたい／経験を積もう／見直しを怠らずに／責任をもち始める／自分に自信がない／成長のきっかけ

THE MAGICIAN.
I

魔術師 (マジシャン)

THE MAGICIAN.

杖を掲げた魔術師の前のテーブルには、小アルカナのマークであるこん棒、聖杯、剣、金貨が。彼にはこれらを操って、新しいものを創造する力があるようです。このカードは、人間が創造するための技術や知的能力、コミュニケーション力を表し、それらが十分身につけば、目的を達成できると示しています。

基本のKEY WORD 創造

正位置

やる気がみなぎり
よいスタートが切れる

魔術師の知性が十分に発揮されるうえ、コミュニケーション能力も備わり、新しいスタートがスムーズに切れそうです。また、目的意識がはっきりとし、確固たる自信がみなぎり、それが人を引きつける魅力にもなりそう。恋愛も思ってるように進みそうな暗示。

 あんずまろんの解釈例

高いコミュニケーション力／器用／新たな始まり／リーダーシップ／アイデア豊富／積極的なアプローチ／専門的な技術の向上／すべてをもっている／魅力的／恋が進展

逆位置

自信や意欲がなく
不器用な人

自分の能力をうまく出せず、本領発揮といきません。自分の思いがわからないので、迷いが生じ、周囲からも心配されてしまいそう。表面だけを飾り立てたり、中身の伴わない発言をしたりしないよう、注意。途中で放り出さずに、継続することも大切です。

あんずまろんの解釈例

迷いがある／本領発揮できていない／経験・訓練不足／警戒心が強い／得意を磨こう／自信をなくしている／打開策が見つからない／消極的／思い込み／人を信じられない

II
女教皇

知性と精神性を象徴するカード。静かにたたずむ女教皇は、自ら動くことはしません。白と黒の柱が象徴するように、彼女は陰と陽、光と影、男と女といったこの宇宙を構成するふたつの対立する要素のバランスをとる知恵をもっています。冷静さや分別をもち、深い洞察力によって、よい結果につながる暗示。

基本のKEY WORD 知性・神秘性

正位置	逆位置
冷静な態度が 結果につながる	自分らしさを 大切にしましょう

よく考えて、分別のある慎重な態度で物事に当たれば、落ち着いた判断ができ、解決策を探ることができます。前に出すぎずに、あえて受け身で成り行きを見守り、白黒をつけない賢明な態度が好結果につながることを物語っています。直感も冴えています。

あんずまろんの解釈例

品行方正／バランス感覚／直感／清楚／精神性の高さ／男性性と女性性／知的欲求／神秘性／プラトニック／内に秘めたもの／真相／落ち着いた

慎重さがなくなり、考えなしに判断をしてしまいそうな暗示。神経質になり、イライラすることや、閉鎖的で融通が利かない、プライドが高くなる不安に襲われているかもしれません。自分が多くを抱え込みすぎている自覚があるなら、まずはそれを変化させることも一手です。

あんずまろんの解釈例

休憩が必要／直感が働きにくい／神経質／素直になれない／思い込みが激しい／内観してみて／じっくり取り組むとき／意地になっていませんか？／抱え込みすぎかも

THE EMPRESS.
III

女帝

穏やかな表情でゆったりと玉座に座る女帝
は、豊かさと繁栄を手にして、とても満足げ
です。彼女は母親が子どもに愛情を注ぐよう
に、すべての人を愛し、見返りを求めません。
それは彼女が今の状況に満ち足りているた
め、自ら積極的に行動を起こさない受け身の
姿勢であることも表しています。

基本のKEY WORD 愛・豊かさ

正位置

豊かさや愛情を得て
大満足の今

　愛情をもって子育てをする母親のよう
に、豊かな実り、繁栄、安定、優しさを
表すカードです。思いやりのある態度で
誰からも好かれ、穏やかで安らぎに満ち
た未来を迎えることができそう。また、
女性の結婚、妊娠、出産を暗示してい
るとも考えられます。

 あんずまろんの解釈例

安定／繁栄／結婚／妊娠・出産／両思い・
大本命／豊かさ／余裕のある暮らし／美や
芸術性／可愛らしさや優しさ／女性性の開
花／満たされる／マイペース

逆位置

周囲の甘い言葉に
流されないで

　あくまでも受け身の姿勢であるため、
周囲に流されやすく、不安を感じてい
る時期に出るカードです。疲れて余裕
がなくなったり、浪費を繰り返したり、
ルーズな生活になりそうなのでほどほど
に……。周囲の甘い言葉には乗らずに、
自分の成長に力を注いでみては。

あんずまろんの解釈例

不安を感じている／疲れて余裕がない／自
分磨きのとき／独占欲／わがままが出やす
い／さみしく感じる／浪費に注意／節度をわ
きまえて／快楽に溺れやすい／不安ですか?

THE EMPEROR.

IV 皇帝

　強い意志をもって行動し、目標を達成したり、リーダーシップを発揮したりすることを表すカード。何者も恐れない勇気と困難を乗り越える情熱にあふれています。一方、気を緩めれば転落するという緊張感も。どんなに勇気や意志があっても目標や計画、作戦を間違うと、皇帝の地位は揺らいでしまいます。

基本のKEY WORD　成功・意欲

IV

THE EMPEROR.

正位置

強い意志と情熱で
目標を達成

　困難を乗り越えて、高い目標を達成しようという情熱があります。やり遂げるまで戦い続ける強い意志をもち合わせ、信念を貫くことで、大きな成功を手にする可能性があります。それでも常に自分は高みを目指す存在だという緊張感を忘れることはありません。

╾╾╾╾╾| 🐰 あんずまろんの解釈例 |╾╾╾╾╾

情熱的／強い意志／恋の主導権を握ってくれる／貫禄／寛容かつ受容的／上昇志向が強い／安定／行動力がある／権力や地位を得る／頼れる存在／成功

逆位置

横暴な態度に
気をつけて

　余裕がなく、他者に迷惑をかけていないか不安になっているのでは？　あなたの強い意志が裏目に出てしまっている暗示です。権威やポジションにこだわりたくなりますが、リーダーとして自分のすべきことを、一度振り返ってみると、結果が変わってきそうです。

╾╾╾╾╾| 🐰 あんずまろんの解釈例 |╾╾╾╾╾

自信がない／イライラしてませんか？／計画の見直し／裸の王様／継続力を鍛えて／手助けが必要／周りの意見を聞いて／一度冷静に／子どもっぽい／空回り

THE HIEROPHANT.
V

法王

慈悲の心をもつ法王は、道徳と秩序を守る父親のような存在です。ときに温かな包容力や思いやりを示す法王ですが、同時に権威を振りかざしたり、道徳や法律で人々の自由な心を縛ったりすることも。また、隠れた不正やルール違反、不道徳な行いを示すこともあります。人の心を見極めることができる存在です。

基本のKEY WORD　慈悲・道徳

正位置

慈愛の心で周りから慕われる

慈悲深く、奉仕の精神にあふれ、周囲の人々から尊敬されます。道徳的で社会のルールや慣習に忠実です。堅実で守りの姿勢を崩さず、まさに家族を守ろうとする父親のようです。慕ってくる人を手厚く保護するので支持者に恵まれ、何事も順調に進む暗示でもあります。

あんずまろんの解釈例

誠実／いい縁談／教養がある／常識がある／温厚／周囲から慕われる／信頼できる／ルールに忠実／尊敬できる恋人／協調性・平等性

逆位置

あなたらしさを失わないで

周囲から迷惑がられ、相手にされなくなることを恐れているのでは？　社会のルールや規範にとらわれ、かたくなな気持ちが表に出てきそうです。また、面倒見がよすぎることが裏目に出て、疲れてしまうかも。思い込みをやわらげる努力も必要なのかもしれません。

あんずまろんの解釈例

ルール違反／常識に縛られすぎ／誠実さが感じられない／不信感をもっていませんか?／頑固／行動力がない／有言実行を／協調性がない／間違った思い込み

THE LOVERS.

VI 恋人

VI

THE LOVERS.

描かれた男性は顕在意識、女性は潜在意識を表しています。男性は女性を見ているけれど、女性は天使を見上げています。また女性の後ろには、エデンの園でイヴをそそのかした蛇が。これは直感やインスピレーションを通してのみ、気高い精神になれる一方、そうした感情は誘惑に弱いことを意味します。

基本のKEY WORD 恋・ひらめき

正位置

順調な交際には
後悔のない選択を

互いに調和し、交際が順調であることや相思相愛であることを示しています。目の前のことが楽しすぎる反面、無防備すぎて危ういことも起きそうです。正しい選択をするには直感や感覚が大切。何かを選択するとき、周りに流されないようにしましょう。

 あんずまろんの解釈例

恋の大チャンス／心から楽しい恋愛／ロマンチックな恋愛／ノリがよい／正しい選択／両思い・同棲・結婚／和気あいあい／心底打ち込める転職／日々の充実／共通の趣味

逆位置

優柔不断で
選択を誤ることも

周囲の状況に流され、優柔不断で選択できない状況を表しています。裏切られたことを思い出して、辛くなったり、不安になったりすることもありそうです。感覚で物事をとらえるため、あいまいな判断ばかりをしてしまいそうなときは、一度立ち止まる勇気を。

あんずまろんの解釈例

本音が言えない／節度をもって／意思の疎通を大切に／集中力に欠ける／嫌われていないか不安／感情をコントロールしよう／じっくり考えてみて／話し合ってみましょう

戦車

白と黒のスフィンクスを伴い、戦車を走らせる兵士。この白と黒は兵士の心の葛藤を表しています。理想と欲望、精神と本能のはざまで揺れ動きながら、願望を達成するために力強く前進することを示します。同時に衝動性も表し、予測不能な動きをする戦車のように暴走することへの警告も伝えています。

基本のKEY WORD　前進

正位置

パワフルに前進し
目的を達成

目標に向かって、わき目もふらずスピーディーに前進する力や克服する勇気を表します。困難に立ち向かい、努力を重ねて目標を達成することを暗示。確実に目標が見えていなくても進むべき道さえ見つかれば、即行動すべきときです。素早い決断と行動で成功をつかみます。

 あんずまろんの解釈例

大きな進展／勢いや情熱のある恋／勇敢で勢いのある相手との縁／スピード婚／ライバルすらも追い抜く／相手からのアクション／臨時収入の予感／若々しい

逆位置

独りよがりで
大暴走しないように

目標や願望をかなえようと、暴走してしまう可能性があります。衝動的で後先を考えない行動を繰り返してしまうこともあれば、すぐに考えを変えることも。また、やる気をなくしたり弱気になったりして、進むべき道を見失ってしまいそうなら一度見直しをしてみても。

 あんずまろんの解釈例

感情をコントロールして／暴走しないで／やりすぎ注意／冷静に／臆病になってませんか?／気弱になってるかも／不安なら内観を／落ち着きましょう／少しずつで大丈夫

STRENGTH.
VIII

力

VIII

STRENGTH.

　どう猛なライオンを手なずける女性が描かれています。このライオンは人間が秘めている欲望や動物的本能の象徴。それを女性は否定するのではなく、認めて受け入れることでコントロールしています。これは強い精神力で自分を制御し、忍耐強く物事に取り組めば、可能性が広がることを暗示しています。

基本のKEY WORD　**精神力**

正位置

驚異の粘り強さで
目標を達成

　ありのままの自分を受け入れることができます。力まかせに推し進めるより、強い精神力でじっくり取り組めば、粘り強さを発揮し、目標を達成できるでしょう。自分の本能や情欲とうまくつき合うことができます。そこから何事もバランスが大切だということを伝えています。

あんずまろんの解釈例

この恋は手中に／精神的な成長や強さ／大恋愛／唯一無二の相手／助け合える／自立できている／受け入れる心／困難な状況を克服／どんな関係でも成就する

逆位置

自信を
失っているのかも

　自分を抑えすぎて、自己否定や自信のなさにつながり、やる気を失ってしまいそう。粘り強く物事と向き合えず、断念してしまいそうなら見直しを。感情をコントロールしすぎないよう、自分らしさや自分のよいところを振り返ってみるとよいでしょう。

あんずまろんの解釈例

感情をコントロールしよう／相手に合わせすぎないで／振り回されすぎない／マイペースに生きて／内観して／思い込みすぎない／浪費に注意／主導権はあなた様に

THE HERMIT.
IX

隠者

物事の本質を見抜き、深く考えて行動することができると暗示しています。社会から距離を置き、あえて孤独な環境を選んで真理を追い求めてきた探究者は、精神的な成長をとげ、ついに悟りを得ました。それは悩める者を導く知恵でもあります。けれども、その身は灰色のマントで隠し、自己主張はしません。

基本のKEY WORD **思慮深さ**

正位置

考えに考えて
精神的に成長する

あらゆる物事をよく考え、奥深いところまで理解する知識をもっています。隠された真理を追い求め、研究を重ねることで、いずれ悟りを開けることでしょう。自分の心の内をかえりみる余裕があるので、心のバランスもうまく取ることができ、成長も期待できます。

 あんずまろんの解釈例

真面目な相手／探求心／研究や学問／一途な恋／精神的な成長／賢い判断／奥手／真実の愛／胸に秘めた思い／洞察力／研究家／思考／内観

逆位置

失敗を恐れずに
自分と向き合って

社会に背を向けて閉じこもったり、頑固で閉鎖的になって考え方が偏ったりしていませんか？　経験不足による失敗を恐れずに、目の前の状況と時間をかけてじっくりと向き合ってみましょう。自分の身の丈を受け入れてみると、状況が変わるかもしれません。

 あんずまろんの解釈例

本音が言えない／頑固／さみしい／信じることが怖い／引きこもり／集中力が欠けがち／考えすぎ／マイナス思考／単独行動／偏屈にならないで／過剰なこだわり

運命の輪

X

WHEEL of FORTUNE.

　絶え間なく回り続ける運命の輪は、幸運に恵まれていても、不幸のどん底にいても、それらが永遠に続くものではないことを示しています。時は流れ、万物は変化します。よいことも悪いことも、どちらも等しく人間にふりかかるものであり、その両方を経験することが成長につながると教えています。

基本のKEY WORD　**変化**

正位置

幸運が巡ってきて
チャンス到来

　よい意味での変化が訪れます。幸運が巡ってくるので、チャンスは逃さずにつかみ取りに行きましょう。運命は変転するので、タイミングを逃さないことです。成功に向けて、物事がどんどんよい方向に進んでいきますが、運勢はピークを迎えているともいえます。

——| あんずまろんの解釈例 |——

時は来た／絶好のタイミング／思いがけないラブチャンス／運命的な出会い／波に乗ろう／出世や昇進／流れは来ている／ビギナーズラック／再起／成功

逆位置

不運を感じ
失敗や停滞への不安も

　「まさか！」という辛い展開への恐れが見えます。一見、よい変化に見えても、その変化についていけず、失敗しそうだとか、不運に見舞われそうだとか想像していませんか？　不運は永遠に続くものではないので、今は流れに身をまかせておいてもよさそうです。

——| あんずまろんの解釈例 |——

もう少し／流れに身をまかせて／諦めるのは早い／次の機会に期待／アンテナを張ろう／最良のときはもうすぐ／学びのとき／空回りに気をつけて／早とちりに気をつけて

JUSTICE.
XI

正義

　このカードは物事のバランスが取れた状態や公正な判断が下ることを表しています。それは必ずしも物事がうまくいくことや成功することを約束しているわけではありません。人間の感情や道徳による判断ではなく、正当なものかどうかを厳格な法則によって判断することを意味しています。

基本のKEY WORD　**均衡**

正位置

公正で正当に
評価される

　自分の正義感に従って正しい行いをすることで、公平で正当な評価を受けることができます。人間関係においても、互いに正当な関係であれば維持されますが、そうでなければ維持されないこともあり得ます。自分の感情や希望にかかわらず、物事があるべき状態で進みます。

========= 🐰 あんずまろんの解釈例 =========

誠実な愛／公平性／筋のとおった相手／バランスのよい関係／正当な評価／ルールは絶対／真実の愛／約束は守られる／正しい判断／ゲームマスター／判断を下す

逆位置

判断ミスは
見直しのとき

　判断を間違ったり、判断できなかったりする状況に陥っていませんか？　なかなか成果が出ず、不当な扱いを受けていると感じたときは、自分を振り返る機会と思ってみては。その結果を素直に受け入れて、よいバランスがとれたとき、状況は変わりそうです。

========= 🐰 あんずまろんの解釈例 =========

はっきりしよう／バランスがとれていない／融通が利かない／判断ミスに気をつけて／あいまいな関係／公平さを求める／頑固／自分の価値観を大切に／言葉に気をつけて

XII

THE HANGED MAN.

吊るされた男

　カードに描かれた、後ろ手にしばられ、木に逆さ吊りにされた男は、なぜか笑みを浮かべています。これは試練にじっと耐えれば、明るい未来が見えることを表しています。あるいは自分の欲を捨てて、人のために行動する自己犠牲の精神が、いずれ成功に結びついているという見方もできるでしょう。

基本のKEY WORD　修業

正位置

試練の先に
明るい未来が

　人の意見に素直に耳を傾けたり、固定観念にとらわれず、さまざまな意見を取り入れることができるとき。訪れる試練をそのまま受け入れられる柔軟性があり、じっと我慢することで未来がひらけると暗示しています。生まれ変わりを待つとき、と思うとよさそうです。

｜ あんずまろんの解釈例 ｜

修業のとき／学びのある関係／得られるものは大きい／理解してそこにいる／精神を鍛える／逆境すらも糧になる／刺激的な環境／打開策が浮かぶ／気づきが生まれる

逆位置

現状をありのままに
見つめなおして

　物事を間違った形でとらえてしまい、方法を誤ってしまっていませんか？自分の気持ちを消耗させてしまう可能性がありますが、現状をありのままに見つめなおすチャンスでもあります。くじけそうなときこそ、物事を違った角度から見ることが大切です。

｜ あんずまろんの解釈例 ｜

解決策を探している／抱え込まないで／体調管理を／視界を広げて／努力の見直し／進展を求める／行き詰まってませんか？／苦しい恋と思っている／考えすぎかも

死神

死を司る死神が描かれています。しかし、マイナスにとらえる必要はありません。死は単なる終わりではなく、新しい始まりでもあるのです。このカードは、これまでの考え方や生き方から離れて、新たに出発すべきだと教えています。暗くとらえたりせず、心を決めて、新しいスタートを切りましょう。

基本のKEY WORD　再生

正位置

方法を変えて
新しいスタートを切る

今までのやり方ではうまくいかず、思い切った変化が求められています。心機一転して、再出発をすれば、新しい人生がひらけるでしょう。もし変化する状況を受け入れられず変われないのなら、先に進めない、マンネリ化した状況を見直してみましょう。

 あんずまろんの解釈例

生まれ変わり／物事の節目／再生のとき／苦境が終わる／恋愛観の激変／重大な変化／結論が出る／新たな関係性／再出発／低迷期からの脱出

逆位置

大きな変化に
戸惑わないで

大きな変化やストレスにより低迷していませんか？ このままではいけないと頭ではわかっていても、自分を変える勇気がもてず、考えにしがみつく可能性があります。前に進むことも後ろに戻ることもできなくなるなら、思い切って次にリスタートしてもよさそう。

 あんずまろんの解釈例

踏ん切りがつかない／諦められない／変化への恐怖／勇気が出ない／思い切った方向転換が必要／一新してみよう／思い切ってみる／再生までもうすぐ／今が変わるとき

TEMPERANCE. XIV

節制

XIV

TEMPERANCE.

　立派な翼のある天使がふたつのカップを持って、水を移し替えています。彼は決して焦ることなく、自制心を働かせながら作業をしているようです。その絵からこのカードは、自分自身の感情や欲望をうまくコントロールして、節度ある行動をすれば、調和が生み出されることを表しています。

基本のKEY WORD　**自制心**

正位置

調和のとれた
穏やかな状態に

　節度を保ちながら柔軟な行動をとれるので、周囲にうまくなじむことができます。自己主張すべきところとそうでないところをきちんとわきまえているので、周りとの衝突も避けられるでしょう。常に淡々と、中庸の姿勢に徹して、物事に取り組むことができます。

━━━ あんずまろんの解釈例 ━━━

バランスのとれた関係／調和／心が通じ合う／感情の安定／心身のバランスがよい／中立の立場／現実と夢のバランス／自制心／過去の経験が活きる／精神力の軸の強さ

逆位置

感情的で偏り気味
不器用な状態では?

　自分の感情や欲望を抑えることができず、我を通して勝手な行動に出てしまい、その結果、周りとギクシャクしていませんか?　自己管理を徹底しすぎることで、自分の首を絞め、苦しむことになるので、周囲をよく見てみて。何事もほどほどに……がよい時期かも。

━━━ あんずまろんの解釈例 ━━━

情緒不安定ぎみ／偏りすぎかも／アンバランス／感情の起伏が激しい／極端なリアリスト／現実もほどよく見て／慎重すぎかも／ほかのことが疎かになっていませんか?

THE DEVIL. XV

悪魔

悪魔にとらわれ、鎖につながれた男女が描かれています。よく見ると、ふたりをつなぐ鎖はゆるく、簡単に抜けられそうですが、彼らは逃げようとしません。悪魔は人間の身体ではなく心を支配するのです。このカードは甘い期待や金銭欲、本能、快楽、依存といった人間の欲望を表しています。

基本のKEY WORD　欲望

正位置

さまざまな欲望が目につきそう

欲望にとらわれ、物事や金銭への執着で、身動きがとれなくなっていませんか？ルーズで無気力な日々を過ごし、進歩や成長を忘れてしまいそうなときは小休止を。欲望はときに魅力的で、ときに恐ろしくもあるものですが、バランスをとれば大丈夫。内観がおすすめです。

‖ あんずまろんの解釈例 ‖

欲望に夢中／性的な関係／依存・虜／学びの機会／体調管理しよう／エゴに気をつけて／濃い記憶／罪悪感を感じていませんか？／激しい感情／中毒／ルーズ気味

逆位置

悪縁を断ち立ち直る

我に返り、純粋な心を取り戻します。欲望から解き放たれ、悪い習慣を断ち切ることができるかもしれません。自分が依存していると思っていた事柄や環境から抜け出せたり、自分なりのバランスで欲望をコントロールできるようになったりしそうです。

‖ あんずまろんの解釈例 ‖

理性と情熱のバランスをとって／健全な関係を目指す／依存性が薄まる／最もよい関係になる／悪縁を断ち切る／気持ちを入れ替える／自分の軸を大切にできる／成長

THE TOWER. XVI
塔

　落雷で崩れる塔は、突然の出来事から状況が急変することを示しています。人間の思い上がりが驚くような変化を招くという、強い警告ととらえることもできるでしょう。しかし、この崩壊は決してネガティブなことではなく、その原因と向き合い、意識を変えることが幸福につながると示しています。

基本のKEY WORD　急変

XVI

THE TOWER.

正位置	逆位置

突然の大変化
転換のきっかけに

　予想もしなかった出来事が起こり、考え方を変えざるを得ないという意味がありますが、一度仕切り直すことで、行き詰った状況を好転させていくという意味もあります。衝撃的な体験を乗り越えることで、精神的な成長が遂げられるチャンスととらえましょう。

―――| あんずまろんの解釈例 |―――

衝撃的なできごと／価値観の大きな変化／予期せぬ転換期／突然のアクション／本音を告げられる／青天の霹靂／新たな始まり／辛い経験が活きる／景色が変わる

変化の前兆
準備は万全に

　突然起こる出来事に、衝撃を受ける可能性があります。行き詰まりを感じて、今は打開策を思いつけなくても、意識を少しずつ変えることが大切。まずは準備を万全にしておくことで、回復することができるでしょう。来たる変化への心構えをしておくのがおすすめ。

―――| あんずまろんの解釈例 |―――

予兆や前兆／ミスに気をつけよう／態度を改めて／感謝の気持ちを忘れずに／準備は事前に／被害妄想に気をつける／視野を広げる／思い込みに注意／内観してみて

XVII

THE STAR.

水瓶を手にした女性が、湖と大地に水を注いでいます。水は万物を育むものであり、生命の源です。その頭上に輝く星々は、人間の希望や創造性を表しています。このことから、星のカードは心の中に希望が湧き上がり、イキイキと過ごせ、豊かな感性が創造性を発揮すると考えられます。

基本のKEY WORD 希望

正位置

希望が見えて
チャンス到来

心に希望が湧き、目の前が明るくなって進むべき道が見えてきます。これまで培ってきた才能が、いよいよ開花するときを迎えたのです。豊かな創造力や芸術的才能を思い切り発揮できます。希望を抱くことで夢は叶い、理想の日々を手にすることができるでしょう。

 あんずまろんの解釈例

長年の苦労が報われる／願いが叶いやすい／願望実現／等身大でくつろげる関係／希望にあふれている／運が開ける／あなた様らしく／充実した人間関係／苦しみからの解放

逆位置

無理をせずに
ありのままで

今、抱いているその夢は現実離れしていて、実現は難しそうだと思っていませんか？ 夢のない日々を送ったり、期待外れの出来事に失望したりと、ストレスを感じてしまいそうになったら、無理はしないで。自分の歩幅でゆっくりと歩み出してみましょう。

あんずまろんの解釈例

悲観的な気持ち／不安になっている／プライドが高い／意地を張ってしまう／素直になれない／可能性が見いだせない／未来が見えず不安／等身大で大丈夫

月

XVIII

THE MOON.

夜空に描かれた三日月から満ちていく月は、移ろいやすい心や不安定な状況の暗示です。また、夜の闇は暗く、人を不安にさせたり恐れを抱かせたりします。しかし、月が徐々に変化するように、心の状態も変化していきます。明るい満月が照らせば、不安の正体がわかり、恐れは消えるでしょう。

基本のKEY WORD　潜在意識

正位置

先行き不透明でも
思い込まずに

　見えないものに対する不安がありませんか？　自分が気づかない水面下で何かが進んでいたり、裏切りを知って心が不安定になっている可能性が。不透明な未来ですが、物事を冷静に見て、想像力や直感をフル活用し、見えないものを見ようとすれば、解決策が見えてきます。

╾╾╾ あんずまろんの解釈例 ╾╾╾

あいまいな関係／複雑な恋愛関係／思い込みすぎないで／見えないものへの不安／内観して／物事の見えない側面／状況がはっきりしない／潜在意識／精神世界

逆位置

不安の原因がわかり
事態は好転

　不透明だったことや隠されていたことが明らかになり、不安な気持ちを払いのけることができるでしょう。精神的にも落ち着きを取り戻します。まるで夜明けを迎えるように、悩みや不安が晴れる暗示です。目覚めのときを迎え、自分への気づきもありそうです。

╾╾╾ あんずまろんの解釈例 ╾╾╾

信頼の絆を取り戻す／迷いの心が晴れる／真実が明らかに／もつれた関係が解消／気持ちが安定する／事態が好転する／精神的なゆとり／穏やかに過ごせる／安心・安堵

太陽

裸の子どもが無邪気に笑みを浮かべて、今を思い切り楽しんでいます。頭上に描かれた太陽は、その光や温もりで子どもに生命力を与えているようです。背後には満開のヒマワリが咲き誇り、カード全体からイキイキとした生命力が伝わってきます。これから訪れる喜びや幸福、成功を暗示しています。

基本のKEY WORD　**達成・幸福**

正位置

ツキに恵まれ
願いがかなう

　純粋な心と力強い生命力が備わり、満足のいく結果を出せます。待ち望んでいたことがうまくいったり、結婚や出産といった喜びごとがあったりするかもしれません。運を味方にし、周りからの援助も得られるので、望むままに成功が手に入るでしょう。

 あんずまろんの解釈例

恋愛成就／祝福される関係／明るい・元気・パワー／成功／希望に満ち溢れた未来／能力と才能の発揮や開花／純粋・素直さ／あなた様らしさをアピールして／大好き

逆位置

疲れている今は
しっかり休んで

　ツキに恵まれず、物事が停滞したり、頓挫していませんか？　挫折や失敗することを想像してしまい、努力するのも嫌になるという気持ちが出てくるかも……。今は休むとき。無理して物事を動かそうとせず、リベンジのときのために体力を温存するのも一手です。

 あんずまろんの解釈例

本領発揮できていない／自信がない／あなた様らしさを大切に／体調管理に気をつけて／エネルギー不足／少々お疲れぎみ／子どもっぽい／過度なわがままに気をつけて

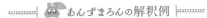

XX

JUDGEMENT.

JUDGEMENT. XX

審判

　天使がラッパを吹き鳴らし、死者をよみがえらせています。死者が暗示するのは、押し殺していた自分や過去への執着心です。このカードは目覚めを表し、長い停滞を脱する兆しや、これまでに考えもしなかったことに気づくことを伝えています。内面の成長や納得のいく結論を得られるでしょう。

基本のKEY WORD　**復活**

正位置

目を覚まし
前進できる

　今までの考えが一変するような気づきを体験できるでしょう。現実が変わり、精神的に成長し、気持ちの整理がつくことで道がひらける、問題が解決すると解釈できます。半ばあきらめていたようなことが復活し、望みどおりの結果になるという意味もあります。

┈┈┈| 🐰 あんずまろんの解釈例 |┈┈┈

復活・再生／復縁／覚醒／精神的な成長／和解／やり直せる／気づきを得る／新しい出会い／改めてよさを実感する／再出発／目覚め／よみがえる

逆位置

過去を見直す
チャンスと思って

　物事がこじれたまま改善されず、相変わらず変化のない停滞した状況が続くように思えているのでしょうか。こういうときは、忘れられない記憶を振り返るチャンスととらえるのが吉！　自分に新しい気づきを与えることで、ターニングポイントに変えましょう。

┈┈┈| 🐰 あんずまろんの解釈例 |┈┈┈

諦められない恋／長い関係性／視点を変えてみて／望みがないと思っていませんか？／努力が報われないと思っている／前向きになれない／進展を求めている／考え方を改める

THE WORLD.
XXI
世界

切れ目のないリースの中で踊る人物を描いたこのカードは、完全に調和のとれた完成を表しています。すべてが満ち足りた状態で、たどりついた先に見える最高の景色。このカードは大アルカナのなかで最も強運を表していて、これ以上ない幸福を意味しています。とてもよい運気が流れています。

基本のKEY WORD 完成

正位置

区切りがつき
満足のいく結果に

続けてきたことや一連の流れにひと区切りがつき、納得できる結果が出る最強のカード。積み重ねてきたことが完成し、深い満足感や達成感を得られます。「すべてやりきった」と、ゴールに到達した喜びと、次のステージに向かう喜びも感じられそうな予感です。

┈┈┈┈┈ あんずまろんの解釈例 ┈┈┈┈┈

完成／恋愛成就／結合・勝利・最強／ハッピーエンド／最高の終着点／達成・到達／ベストカップル／結束が固い／信頼のおける関係性／永遠の愛／完結

逆位置

もう少しで
ゴールできそう

完成の予告を意味するカードで、ゴールまでもう少し、という暗示です。物事は道のりの途中かもしれませんが、近いうちに完成を迎えそう。今が限界点ではありません。ただし、今やめてしまうと未完成のままなので、今こそが堪えどきともいえそうです。

┈┈┈┈┈ あんずまろんの解釈例 ┈┈┈┈┈

完成まであと一歩／努力すれば最善の結果に／勝利は目前／調和をとればうまくいく／タイミングはすぐそこ／運気の波が来ている／調和しましょう／準備をしておいて

小アルカナは計56枚。
4種のスートが表す人生の物語

どこか身近で、親しみを感じる56枚のカードが
細やかにアドバイスしてくれます

　78枚の全タロットカードから、大アルカナ22枚を除いた56枚のカードを小アルカナといいます。ワンド（棒）、カップ（聖杯）、ソード（剣）、ペンタクル（金貨）の4種のスート（シンボル）が描かれた14枚1組で構成されていて、トランプに似た印象もあります。

　各スート14枚は、A（エース）から10までの数札と、人物が描かれたコートカード4枚でできています。数札には、「カップの5」であればカップが5つ、といったようにカードに示された数字の数だけ、そのシンボルが描かれています。コートカードはペイジ（小姓）、ナイト（騎士）、クイーン（女王）、キング（王）の4枚で構成されています。

　小アルカナで描かれているのは、意味深なものではなく世俗的でどこか身近なシーンがほとんど。細かい部分も読み取れるので、大アルカナとはまた違う視点で、人生に踏み込んだアドバイスを与えてくれるはずです。

❋ 各スートは四大元素と対応している

　小アルカナの各スート（シンボル）は、西洋の四大元素である「火」「水」「風」「地」に対応して意味づけられています。ワンドは「火」＝情熱、カップは「水」＝感情、ソードは「風」＝思考、ペンタクルは「地」＝物質、をそれぞれ表しています。4種のスートそれぞれに共通するイメージとして覚えておくと、読み解きに役立ちます。

カード解説の読み方

❶ カードの名前と カード番号

ワンド・カップ・ソード・ペンタクルの各数札カード（エース〜 10）と、コートカード（ペイジ、ナイト、クイーン、キング）の名前と番号です。

❷ 基本の KEY WORD

そのカードのもつ核となるキーワードです。このキーワードを軸に、自分なりのイメージを広げていきます。迷ったときは、このキーワードに立ち返って解釈を深めましょう。

❸ カードの絵柄

本書では、もっともポピュラーなウェイト・スミス版タロットを使用しています。小アルカナはA、ペイジ、ナイト、クイーン、キングのみ名前が描かれています。2〜 10 は、描かれたスートの数が、そのカードの数を表しています。

❹ カードの基本的な 意味

何が描かれているか、またそのカードのシンボルがどういった意味をもつかを解説しています。

❺ 正位置の意味

カードが正位置（絵柄の上下が正しい向き）で出た場合の、カードが示す基本的な意味を紹介しています。

❻ 逆位置の意味

カードが逆位置（絵柄の上下が逆向き）で出た場合の、カードが示す基本的な意味を紹介しています。

❼ あんずまろんの 解釈例

あんずまろんが各カードからインスピレーションを得た解釈例です。あんずまろん流の読み解きメッセージとして参考にしてください。

ローマ数字の読み方

ローマ数字の読み方は、「1 = I」「2 = II」「3 = III」以降で、基準になるのが「5 = V」と「10 = X」です。「V」と「X」の右に書かれた数字は足し算に、左に書かれた数字は引き算にします。「IV」は、「5 − 1」で「4」になります。

5 = V
10 = X

IV
〃
5-1=4

XII
〃
10+2=12

ワンド（棒）
WAND

「何かを」起こす〝始まり〟のイメージ

　ワンドとは木の棒のことで、人間が進化の過程で最初に手にした道具を意味します。たいまつとして火を灯したり、食事のために火を起こしたり、住まいの材料になったり……と生きるための力、活力となるアイテムといえます。ワンドのカードには、生き残ろうとする意志や情熱、「どうにかして手に入れたい」という闘争心や創造、本能的な欲求などが現れています。

=== ワンドが描く物語 ===

ペイジ

ワンドを見つめ、何かの知らせを感じている。

ナイト

ワンドを手に、荒れ馬を乗りこなしている。

クイーン

堂々と玉座に座り、人の気持ちを掌握。

キング

芽吹いたワンドを手に、情熱的に未来を見る。

A

力強くワンドを握り、意欲が湧き上がる。

2

野心をもって、旅立ちを計画中。

3

海を眺め、より広い世界へ出る夢を見る。

4

花束を振る人々は、穏やかな幸せの象徴。

5

闘争心が高まり、意気揚々とした戦いに。

6

勝利のワンドを握り、栄光がその手に。

7

孤軍奮闘し、有利な状況で戦っている。

8

矢のように力強く進む8本のワンド。

9

傷を負いながらも、不屈の精神で戦う。

10

10本のワンドを抱え、奮闘している。

ワンドのA

ACE OF WANDS.

基本のKEY WORD **活力**

情熱や創造を意味するワンドのエースが表すのは、火の純粋なエネルギー。カードに描かれた棒が芽吹いているのは、生命エネルギーが活性している証です。新しい命がたくましく成長する予感が秘められているのです。

ACE OF WANDS.

正位置

あふれるエネルギー

情熱や強い意欲、野心、闘争心により、目的達成に向けて突き進むエネルギーがみなぎっています。動物的な直感が働いて情熱的になり、成功のチャンスをつかめるでしょう。

| あんずまろんの解釈例 |

情熱に火がつく／ひと目ぼれ／活力／野心／始まり／やる気が出る

逆位置

ときには内観を

やる気が湧かず無気力で、物事をスタートさせるには向かない時期こそ、内観を。闘争心や野心が過剰になり、自分勝手にふるまってしまいそうなら、少し冷静になってみても。

| あんずまろんの解釈例 |

空回り気味／お疲れ気味かも／少しだけ冷静に／暴走にご注意

ワンドの2

TWO OF WANDS.

基本のKEY WORD **展望**

情熱や野心を意味する赤色の帽子をかぶった男性がワンドと地球儀を持ち、遠くを望んでいます。これは遥かな目標に向けて、着実に歩みを進めていくという暗示。並々ならぬ意志の強さや実行力で一歩を踏み出すでしょう。

II

TWO OF WANDS.

正位置

目標を定めて前進

はっきりとした見とおしは立っていなくても、目標を定めて計画を練る段階に来たことを暗示しています。新しい一歩を踏み出し、強い意志で実行力を発揮できることを表しています。

| あんずまろんの解釈例 |

展望が開ける／未来への期待／第一歩／グローバルな視点

逆位置

方向性が見えにくい

計画してもうまくいかず、空回りしそうなので、方向性が見えにくく、思うように進まず焦ってしまうかも。今は周囲を見渡してみて、見とおしを立て直してみるのも一手です。

| あんずまろんの解釈例 |

計画倒れに注意／働きすぎかも／迷いの最中／自信がない

ワンドの3

基本のKEY WORD **もっと上へ**

右手にワンドを持って立つ、赤いマントの男が小高い丘から遥か洋上の船を眺めています。この人物はそれなりの成果を手にしてなお、さらなる成功を目指しているのです。これは物事が大きく前進することの暗示です。

正位置	逆位置
さらに上を目指す	**好転をうかがって**
きちんと計画を立てて進めてきたことで、一定の成果を得られる段階を表しています。とはいえ、いまだ発展途上。さらなる上を目指して、未来に目を向けるべきだと暗示しています。	思うような進展がなく、成果が得られないように感じられそう。気弱にもなりやすく、物事を前に進める気力も湧かないときは、小さな事柄にも注目し、こなせば改善できそう。

あんずまろんの解釈例	あんずまろんの解釈例
ひとつの到達点／よい節目／新たな関係性／明確なビジョン	着実に進めていこう／コツコツ励もう／行動してみよう

ワンドの4

基本のKEY WORD **安定**

水色と赤色の衣装をまとったふたりが遠くで出迎えています。4本のワンドには果物や植物が。またカードの背景の黄色は、実りや喜びを表す色です。このカードは実りのときが訪れ、穏やかで安定した状況を表しています。

正位置	逆位置
実りの時期が到来	**不安定を受け入れて**
取り組んでいたことがうまくいき、努力が報われるとき。事態は落ち着き、安定します。満足いく成果に、ほっとひと息つけるでしょう。何事も順調に進み、心の安らぎも得られます。	物事が順調に進まず、不安定な時期で成果を得られないように感じるかも。流されるままに惰性で行動している自分に気づけたら、変われるチャンスととらえてみましょう。

あんずまろんの解釈例	あんずまろんの解釈例
実りの時期／安心感／安らげる相手／ひと息つける／平和的	生活習慣の見直しを／進展を求めている／不安な気持ち

ワンドの5
FIVE OF WANDS.

基本のKEY WORD **競争**

5人の人物がワンドを振り上げながら、争っている様子が描かれています。彼らの服装や向きが異なるのは、それぞれの自己主張をとおそうとしているから。この争いは、よりよいものや成功を求める向上心の表れです。

FIVE OF WANDS.

正位置
向上するための経験

みんなが自分の正しさや欲求を主張して譲りません。しかし上を目指すなら折れずに戦うことも必要。対立も成長の過程であり、向上心が成功につながると考えられます。

| あんずまろんの解釈例 |

切磋琢磨できる関係／競争率が高い／健全な競争／意見交換

逆位置
意見に耳を傾けて

対立や競争は少しずつ収まり、状況が回復しそうです。周囲からの意見を取り入れることで、物事がさらにスムーズに進展するかもしれません。自分がどうしたいかの振り返りも大切です。

| あんずまろんの解釈例 |

意見を取り入れる／葛藤／相手への無理解／視野を広げて

ワンドの6
SIX OF WANDS.

基本のKEY WORD **勝利**

白馬に乗る赤い服の人物の手にしたワンドや頭には月桂樹の輪が描かれています。これは彼が勝者であることを示しているのです。主導権を握り、物事を達成する、成功して満足することが暗示されています。

SIX OF WANDS.

正位置
勝利を収める

物事の主導権を握り、勝利を収めることで、達成感や満足感が得られます。周囲からも賞賛されますが、向上心を忘れないようにすれば、さらなる高みを目指すこともできそうです。

| あんずまろんの解釈例 |

勝利・成功／祝福される恋愛／大活躍／プロジェクトの大成功

逆位置
理想を振り返って

支配権を奪われ、立場が危うくなったり、支配される側にまわったりしそうなときは、自分の理想を振り返ってみましょう。自信を失ったり、消極的になったりしたときこそ、内観を。

| あんずまろんの解釈例 |

敗北感／進展を求めている／賛同を得たい／反対派に負けないで

ワンドの7

基本のKEY WORD 奮闘

男性がワンドを手に戦っています。攻撃してくる数は多いものの、彼は岩の上にいることで優位に立ち、何とか奮闘しています。このカードには、身を守るために戦い、現状維持ができればよいという意味があります。

VII

SEVEN OF WANDS.

正位置

奮闘して現状を守る

勝利を収めた者が下からの突き上げに合うという暗示。それを抑え、身を守ろうと奮闘することで、現状維持ができそうです。ポジションを守るためにも、今後の見とおしを大切に。

| あんずまろんの解釈例 |

有利でいたい／見えないものとの闘い／プライドが高い／不安／奮闘

逆位置

優位な立場への羨望

立場を守り切れない、または誰かに立場を譲る可能性があります。そのポジションへの思いは高まりますが、疲れているときは休むことが一番。自分を守るための選択をしてみては。

| あんずまろんの解釈例 |

強がりへの疲労／虚勢の張りすぎ／助けてほしい／余裕がないかも

ワンドの8

基本のKEY WORD 急展開

8本のワンドが描かれていますが、持ち主である人物は見当たりません。これは、物事が本人の意思と関係なく、ものすごいスピードで展開していくことを表しています。あわてずに、変化に対応することが大切です。

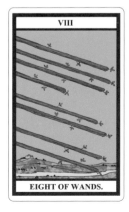

VIII

EIGHT OF WANDS.

正位置

よいほうに急展開

自分の予想しないところで、物事が急展開します。絶好のチャンスがやってくるともとらえられるので、タイミングを逃さなければ、問題も即解決し、よいほうに進展していくでしょう。

| あんずまろんの解釈例 |

急展開／スピード恋愛／情報が急に降ってくる／突然の連絡

逆位置

着実な動き

今はまだ見えていませんが、水面下でじわじわと物事が動き始めています。いつ何が起きても対応できるように準備をしておくとよさそう。流れに身をゆだね、そのときを待ちましょう。

| あんずまろんの解釈例 |

じわじわ進む／着実な進展／水面下で動く／流れに委ねて

NINE OF WANDS.
ワンドの9

基本のKEY WORD 慎重

頭に包帯を巻いた男性が描かれています。その手にはワンドが握られ、不利な状況でも戦おうとしているようです。このことから、追い詰められようとも戦う覚悟をもち、妥協せずにいる状態を表しています。

正位置
屈しない
けがを負っても戦うという強い意志は、不利な状況でも決してあきらめないことの暗示。打つ手がなくてもじっと耐え、相手の出方を待ちます。必ず打開策があるので、あきらめないで。

| あんずまろんの解釈例 |

相手の出方を待つ／待つのみ／用意周到／やるだけやった

逆位置
準備が必要
心身にダメージを受けて、傷ついていることを示すカード。物事を進展させるには、今は準備が必要なようです。自身を見つめなおし、対策を取ってから動き出すとよさそう。

| あんずまろんの解釈例 |

やるべきことがある／詰めが甘い／準備を怠らずに／頑固かも

TEN OF WANDS.
ワンドの10

基本のKEY WORD 責任

10本のワンドを担いで歩く人物が描かれています。彼が重そうに担いでいるのは、実は彼自身の意思。プレッシャーを承知のうえで自ら背負い、物事を成し遂げようと努力している状況が映し出されています。

正位置
責任感の強さ
能力以上のことを求められ、プレッシャーを受けたり、苦労を知りつつ重圧を背負ったりしそうなときこそ、粘った末にやり遂げられる可能性も。やれるところまでやってみましょう。

| あんずまろんの解釈例 |

負担が大きい／責任や重圧／価値のある経験／義務を果たす

逆位置
誰かに頼ってみて
トラブルを押しつけられたり、不本意な重圧を背負わされそうなときは、プレッシャーが限界を超えてギブアップしないよう、無理のしすぎは禁物です。周囲に相談をすることも大切。

| あんずまろんの解釈例 |

プレッシャーに押しつぶされそう／ひとりで背負わないで／相談してみて

ワンドのペイジ

基本のKEY WORD メッセンジャー

マントと帽子をまとった若い男性がワンドを携えて、上を向いています。彼の身分はペイジ（小姓）。冒険心をもって旅を続けています。彼にはメッセンジャーの役割もあり、何かの知らせが届くと伝えています。

PAGE OF WANDS.

正位置

信念をもって行動する

強い意志をもって積極的に行動できます。粘り強い精神力でへこたれることなく取り組み、成功を手にする暗示。よい知らせを受け取れるはずです。ときにまじめさ余って葛藤することも。

| あんずまろんの解釈例 |

純粋な恋／素直で明朗／かわいい年下／正直／向上心がある

逆位置

計画の練り直しを

自信がなくなり、何事にも消極的になっているかもしれません。途中で目標を見失ってしまい、どう進むべきかわからなくなりそうなら、改めて計画を練り直してみるのも一案です。

| あんずまろんの解釈例 |

子どもっぽい／素直になれない／傾った考えにご注意／計画性がない

ワンドのナイト

基本のKEY WORD 冒険心

猛々しい馬を乗りこなす騎士は、冷静でいながら情熱や意欲にあふれ、冒険に旅立とうとしています。このカードの意味は、果敢に挑戦する行動力です。自分の欲求をコントロールすることで、周囲とも協調できそうです。

KNIGHT OF WANDS.

正位置

今すぐ冒険の旅へ

冒険心が湧き起こり、積極的かつ大胆に行動します。野心を抱いて、困難にも立ち向かっていくでしょう。情熱的で勇敢な一方、プライドの高さも見受けられそうです。

| あんずまろんの解釈例 |

情熱的／積極的なアプローチ／恋愛への意欲の高まり／若さと勢い

逆位置

冒険より安定志向に

よくも悪くも落ち着きが出てきて、冒険よりも安定を選ぶことを表しています。自分の歩幅で、できることをやってみることで、周囲の協力も得られそう。マイペースでも進んでみて。

| あんずまろんの解釈例 |

相手を振り回している／安定志向／よく考えて動いてみて

ワンドのクイーン

QUEEN OF WANDS.

 基本のKEY WORD 華やか

威厳のある女王が堂々と玉座に座っています。左手に持つヒマワリは、太陽の象徴。足を開いて座るポーズは、彼女の情熱や快活さを物語っています。天真爛漫で大らかでいて、面倒見のよい人を暗示しています。

QUEEN OF WANDS.

正位置

人のために行動

意志が強く、自信家ではありますが、明るさや素直さゆえに、人とうまくつき合う協調性があります。誰かの役に立ちたいと社会活動に積極的に関わり、人から慕われるでしょう。

| あんずまろんの解釈例 |

自立した華やかな女性／優しく愛想がよい／寛大で懐が大きい

逆位置

虚勢を張りがち

どうしても自分の弱さを周囲に見せられず、つい強がってしまいそうです。少しだけでも素直になってみることで、自分も楽になれそう。心を開いてみることから始めましょう。

| あんずまろんの解釈例 |

負けず嫌い／強がってしまう／意地を張る／あまのじゃく

ワンドのキング

KING OF WANDS.

基本のKEY WORD 誇り高い

情熱を表す赤色の服をまとって、玉座に座る王。手には芽吹いたワンドを持っています。玉座の背は天まで続くほどの高さがあります。これは生命力や情熱、そして可能性に満ちていることの暗示です。

KING OF WANDS.

正位置

意欲あふれるリーダー

情熱的で野心を秘め、行動力があります。困難に臆せず立ち向かう勇敢さもあり、現状に満足せず、向上していく強い意志が感じられます。頼れるリーダーとして活躍するでしょう。

| あんずまろんの解釈例 |

情熱的で高い理想をもつ相手／リードしてくれる／自営業の適性

逆位置

有言実行を心がけて

自信を失い、やけになってしまいそうなとき。一度立ち止まり、周囲を落ち着いて見てみれば、助けてくれる人は必ずいるはずです。やると決めたら、やってみることを心がけて。

| あんずまろんの解釈例 |

少々野心的／有言実行を／横暴な態度に注意／周りを一度見て

カップ（聖杯）
CUPS

人の心と変わりゆく情愛を表す

　婚姻など人生の節目や神に捧げものをする儀式、喜びや悲しみの感情を表す場面で使われるカップ（聖杯）。カップは人間の情緒や優しさ、他者を思う情愛など、全般的に人の情動を示すスートです。描かれているカップは人の心を象徴していて、注がれた水は形なく流れる愛や感情を表しています。喜び、悲しみ、ときめきなど、さまざまな感情を読み取ってみましょう。

=== カップが描く物語 ===

ペイジ

カップの魚にほほえみ、日常を楽しむ様子。

ナイト

凛々しい青年が、夢と理想に向けて出発。

クイーン

豪華なカップを見つめ、分け隔てない態度。

キング

風格のある王が、大きなカップを手に。

A

水があふれて、止まらない様子。

2

互いにカップを差し出し、関係が生まれる。

3

3人の乙女が、喜びを分かち合っている。

4

差し出されたカップに気づかず退屈そう。

5

倒れたカップに嘆き悲しんでいる。

6

無邪気な子どもが、花のカップに大喜び。

7

魅力的なカップが並び、夢みつつ。

8

積まれたカップに背を向けている。

9

9つのカップを前に、誇らしげな男性。

10

虹を形づくる10のカップは喜びの象徴。

ACE OF CUPS.
カップのA_{エース}

基本のKEY WORD 愛情

手のひらの上のカップから水があふれています。カップは世界を構成する4大元素のひとつ、水の象徴。あふれる水は愛情、白い鳩は平和の使いを表します。このカードは枯れない愛と平和を暗示しているのです。

ACE OF CUPS.

正位置
愛情で満たされる

愛情にあふれ、心が満たされる状態です。親子の愛、恋愛、友情など、さまざまな愛にまつわる感情に満足し、心に平和が訪れるでしょう。この思いやりの精神や愛情は尽きません。

| あんずまろんの解釈例 |

愛情を抱く／満たされる恋愛／穏やかな愛／男性性と女性性の調和

逆位置
気持ちの確認を

素直に感情を表現できず、心を閉ざしてしまうかもしれません。失望や不満を抱えてしまうかもしれませんが、自分の気持ちを確認してみて。感情だけで決めないほうがよさそうです。

| あんずまろんの解釈例 |

愛情を感じられず不安／どこか満たされない／孤独感／自信がない

TWO OF CUPS.
カップの2

基本のKEY WORD 共感

男女がカップを手に向かい合っている様子から、ふたりは相思相愛であるとわかります。頭上に描かれた翼のあるライオンは人間の獣性を、その下の杖は知性を象徴し、ふたりが精神的に結びついていることを表します。

II

TWO OF CUPS.

正位置
愛し合う関係

お互いに好意をもち、愛情を抱く関係になります。共に高め合う関係でもあるため、男女間だけでなく、友情や仕事上の関係においても、共感が強まる暗示と考えられます。

| あんずまろんの解釈例 |

両思い／唯一無二の相手／心がつながる／信頼し合っている

逆位置
意思の疎通を

互いに共感しあえず、心が通い合わない状態を表しています。物事を進めるためには、お互いの意見を素直に口にすることから始めてみて。一歩ずつ歩み寄って、話し合ってみましょう。

| あんずまろんの解釈例 |

偏りに注意／バランスを大切に／疑心暗鬼／自分に安らぎを

カップの3
THREE OF CUPS.

基本のKEY WORD 祝杯

3人の女性がカップを手に、輪になって踊っています。このカードは友との楽しい集いや交流を表しています。それぞれの服の色や向きが違っていることから、一見するとわからない複雑な人間関係も暗示しています。

III

THREE OF CUPS.

正位置
楽しい友情が続く
友だち同士が友情で結ばれ、グループ活動や社会活動に取り組むことを表しています。和気あいあいとした、楽しい関係が維持されるという意味が強く、よき理解者にも恵まれそう。

| あんずまろんの解釈例 |

祝杯・祝賀／グループ交際／祝福される関係／連携／友情

逆位置
悩みは共有して
人間関係での悩みを表すカード。お互いの無理解への不安が現れています。ぎくしゃくした関係を解消するためには、まずは自分の気持ちを大切にし、悩みをお互いに共有してみて。

| あんずまろんの解釈例 |

グループ間の悩み／分かち合えない不安／人見知り／個々を大事に

カップの4
FOUR OF CUPS.

基本のKEY WORD 不満

木の下で腕組みをして座る男性。彼は、カップが差し出されても、興味を示しません。不満を抱えていますが、環境の変化や精神的な刺激があれば、活力を取り戻すこともできそう。変化が待っていることに気づけるときなのです。

IV

FOUR OF CUPS.

正位置
マンネリ続きで不安
今、自分が置かれている状況が不満で、満足できない状況かもしれません。ないものねだりではないか、改めて自分を振り返ってみましょう。必ず解決策があるはずです。

| あんずまろんの解釈例 |

孤独感／どこか満たされない／不満／解決策はある／周りを見て

逆位置
活動再開の兆し
日常に変化の兆しが現れ、ようやく重い腰を上げて動き出せそうです。現状を打破できる名案も浮かびそうなので、今後の目標を立ててみると、よい変化につながります。

| あんずまろんの解釈例 |

目が覚める／名案が浮かぶ／状況が好転／希望が湧く／変化のとき

FIVE OF CUPS.
カップの5

基本のKEY WORD **サイン**

黒いマントの人物が、倒れたみっつのカップを前にうなだれています。背後にはまだふたつのカップが残っていますが、気づいていません。このカードは大事なものを失い落胆しますが、まだ希望があると暗示しています。

FIVE OF CUPS.

正位置
絶望から希望へ

努力しても希望がかなわず、落胆しそうなときは、打ちひしがれ、どうすべきかわからなくなりますが、希望はまだ残されています。カードからのサインをよいきっかけにしましょう。

| 🐰 あんずまろんの解釈例 |

思い込み／心を閉ざしている／一時的な絶望／失ったと思っている

逆位置
別の希望が見えてくる

なかなかあきらめがつかない状態です。そこからだんだん希望が湧いてきて、別の希望に目を向けることも。別れた人との再会もあるでしょう。まだ可能性はあるので、方向転換を。

| 🐰 あんずまろんの解釈例 |

まだ可能性あり／サインに気づいて／方向転換をしてみよう

SIX OF CUPS.
カップの6

基本のKEY WORD **過去の思い出**

赤いフードの子どもが幼子に、白い花の入ったカップを渡しています。このふたりが表しているのは、在りし日の温かい家族愛や兄弟愛といった愛情や昔のよい思い出です。そんな懐かしさが心を温めてくれるでしょう。

SIX OF CUPS.

正位置
古きよき思い出

懐かしくて心温まる思い出がよみがえります。幼なじみや昔の友人に思いをはせ、会いたい気持ちになったり、生まれ育った故郷の様子を思い出したりと、意識は過去に向かいます。

| 🐰 あんずまろんの解釈例 |

童心・純粋さ／過去の回想／思い出す／親愛の情／ノスタルジー

逆位置
忘れられない記憶

過去の行いや出来事を後悔している気持ちが現れています。つい執着してしまうかもしれませんが、無理にその思いを閉じ込める必要はありません。ゆっくりと次の段階に進みましょう。

| 🐰 あんずまろんの解釈例 |

過去を後悔／昔の辛い経験／忘れられない記憶／幼少期のトラウマ

カップの7
SEVEN OF CUPS.

基本のKEY WORD **妄想**

雲の中に浮かんだカップには、人の首や蛇、宝飾品などの幻想が描かれています。黒い服の人物は、それが幻であることに気づいていないようです。本当に大切なものは、中央の布に隠された何かかもしれません。

正位置
夢を見る
現実から目をそらし、妄想や幻想に思いを巡らせがちになっているよう。やりたいことが多いのなら、目標を定めるとよいかもしれません。気持ちが定まれば、落ち着けるでしょう。

| あんずまろんの解釈例 |

妄想／やりたいことが多い／幻想／現実逃避／空想／夢

逆位置
目標の再確認
夢から覚めて、現実が見えてきます。未来の目的がはっきりすることで、迷いを断ち切り、進むべき道を見つけられそうです。ここから新しい物語が始まっていく、といえそうです。

| あんずまろんの解釈例 |

本当の気持ちに気づく／目が覚める／現実と向き合う

カップの8
EIGHT OF CUPS.

基本のKEY WORD **出発**

月夜の海辺に、赤い服の人物が積み上げられたカップを背に立ち去ろうとしています。彼の関心は時間とともに、移ろっているのでしょう。このカードは、愛情や興味の対象が変化することを表しています。

正位置
新たな目標
ひとつの区切りを迎え、新たなものを求めて旅立ちます。考え方や人生観が変化し、別の方法や道を見つけたくなるでしょう。それは決して後ろ向きなものではありません。

| あんずまろんの解釈例 |

新しい目標／目が覚める／新たな関係性／出発／ひと区切り

逆位置
現状に満足する
今あるものに満足し、新しいものを求めていません。ほかのカードとの関係で、いけないと気づいても、その場から離れられない状況を表す場合も。あるいは変化を求める途上です。

| あんずまろんの解釈例 |

堂々巡りに注意／手放せない不安／内観して／切り離せない

NINE OF CUPS.
カップの9

基本のKEY WORD 願望成就

赤い帽子の男性が、満足そうに笑みを浮かべて座っています。背後に並ぶカップは、彼が手にした財や成功を表し、物質的にも精神的にも満たされていることを示しています。幸運の訪れを告げるラッキーなカードです。

正位置	逆位置
願いが叶う	**マイペースに過ごして**
思いがけない成功をつかみます。努力や才能と関係のないところでチャンスが転がり込み、幸運に恵まれるでしょう。願いが叶い、新たな夢を抱くことになりそうです。	物足りなさを感じて、不安を抱いたり、自信をなくしたりしそうなときは、ひと呼吸。今の悪い状況はそう長くは続かないので、マイペースを意識して、肩の力を抜いてみましょう。

あんずまろんの解釈例	あんずまろんの解釈例
願いが叶う／達成や成功／ラッキーなできごと／大抜擢／物事の解決	不安を抱く／満たされてないですか?／自信がない／傲慢さにご注意

TEN OF CUPS.
カップの10

基本のKEY WORD 幸福

青空に虹がかかり、10個のカップが輝いています。それを見上げる夫婦と、はしゃぐ子どもたちの様子は、何ともほほえましいものです。このカードは幸福と愛にあふれ、心が満たされる時間や関係を表しています。

正位置	逆位置
幸福で満足した状態	**不安を恐れすぎないで**
心が満たされ、安心感や充足感を得ることができます。家族や地域社会などを通じて喜びを分かち合うことが起きるでしょう。この幸福は一時的なものではなく、末長く続くものです。	がっかりする出来事が起こりそうなときや、家族や親族とのトラブルが心配なときは、周囲を見渡して、感謝の気持ちを大切に。ひとつずつ、ていねいに解決していく気持ちをもてば吉。

あんずまろんの解釈例	あんずまろんの解釈例
将来を約束／満ち足りた幸福／家庭的・安定／支え合う関係	人間不信／将来への不安／家庭にトラウマ／感謝の気持ちを

カップのペイジ

基本のKEY WORD 想像力

個性的な服に身を包んだ青年が、カップを手にして立っています。カップからは魚がのぞき、ユーモラスな光景です。このカードは純粋な心や独創性、豊かな想像力に恵まれ、人々を楽しませることを暗示しています。

PAGE OF CUPS.

正位置

個性的でユニーク

想像力が豊かで独創的なアイデアを考え出します。才能にあふれ、うまく世の中を渡っていくでしょう。純粋で愛嬌があり、周りから愛される存在に。吉報のサインでもあります。

| あんずまろんの解釈例 |

ピュアな恋愛／かわいらしい／感性が豊か／純粋な心／センスよし

逆位置

子どもっぽさが全開に

よくも悪くも、子どもっぽい一面が大きく出やすい時期です。無邪気な一面も、ケースバイケースで使い分ければ、個性発揮につながります。TPOを見極める努力も必要です。

| あんずまろんの解釈例 |

子どもっぽい／未熟／知識をつけてみよう／かなりの甘えん坊

カップのナイト

基本のKEY WORD 優しさ

白馬にまたがった騎士は、剣ではなくカップを手にして前進しています。その様子は争いとは無縁で、優しく、穏やかな雰囲気です。このカードは、慈悲深い愛情や思いやりを表すカードです。

KNIGHT OF CUPS.

正位置

思いやりのある人

誠実で愛情にあふれる人物。争いを避け、相手の気持ちをくみとり、合わせることで協調できます。自己主張をするよりも周囲と歩調を合わせて生きていく姿勢が見られます。

| あんずまろんの解釈例 |

優しくロマンチスト／紳士的な相手／穏やかなアプローチ

逆位置

自分を大切に

慈悲の心や優しさについて考えさせられるとき。あるいは、優しさの度が過ぎて、同情心から優柔不断になることも。周囲に流され、無理をしてしまう可能性もあるので、自分を大切に。

| あんずまろんの解釈例 |

軽薄に見られる／言葉選びに気をつけて／優柔不断に注意

QUEEN OF CUPS.
カップのクイーン

基本のKEY WORD　献身的

装飾がほどこされたカップをじっと見つめる女王が描かれています。このカードは母性愛や情の深い人物の象徴。優しさに満ち、無償の愛を注ぎます。物思いにふける様子から、思い込みの激しさを表すこともあります。

QUEEN OF CUPS.

正位置
献身的な愛
慈しみの情にあふれ、献身的に愛情を傾けます。それにより心が満たされるでしょう。想像力が豊かで独特の感性を発揮する芸術的センスに恵まれた人を暗示することもあります。

| あんずまろんの解釈例 |

内に秘めた深い思い／献身的／感受性が強く繊細／神秘的

逆位置
思い込みすぎないで
思い込みが激しく、マイナス思考に陥りやすく、不安で仕方がないときは、一度、客観的に物事を俯瞰してみるとよさそう。悩みは、思っているよりもシンプルかもしれません。

| あんずまろんの解釈例 |

思い込みが激しい／マイナス思考に気をつけて／心を開けない／内向的

KING OF CUPS.
カップのキング

基本のKEY WORD　寛大さ

海の上の玉座に、カップを手にした王がどっしりと腰かけています。カップのキングは水の象徴の王らしく、海のように広い心をもった穏やかで寛大な存在。優しくて温厚な人物や行動を暗示しています。

KING OF CUPS.

正位置
穏やかで寛大な心
温厚で、おっとりした人柄から、周囲と争うことは好みません。我が道を行くマイペースな生き方を選ぶでしょう。寛大な心から、周囲の人のために自分を役立てようとします。

| あんずまろんの解釈例 |

寛容な相手／愛情深い／人望のある相手／精神性が高い／懐が深い

逆位置
自己犠牲はほどほどに
優しすぎるあまり、自分を犠牲にしていることがありそうです。周囲の人を信じられないときは、そういう時期と思って、無理をしないように深呼吸。自分の気持ちを大事にしましょう。

| あんずまろんの解釈例 |

優しすぎる／余裕がない／人間不信／疑心暗鬼／あいまいな態度

ソード（剣）
SWORDS

知的だがクールな振る舞いの象徴

　技術が進み、人が加工して作り上げる道具である剣。そこから知性や知恵、理性を象徴しますが、他者に精神的な傷を負わせるという意味をもつ面もあります。知性が高まったがゆえに思い込みや策略など、複雑な思考や心の中の動きを描いたカードもあります。一見、痛々しく見えるカードもありますが、最後には夜明けが訪れ、新しい価値観が生まれることを示しています。

=== ソードが描く物語 ===

ペイジ
用心深く、敵がいないか眺めている。

ナイト
自信たっぷりに有能さをアピール。

クイーン
前を見据え、過ちを受け入れている。

キング
的確な判断を下す、厳格な王。

A
ソードを手に開拓を始める神の手。

2
ふたつのソードの狭間で葛藤している様子。

3
ソードが心を貫き、傷心します。

4
大打撃を受け、ひとりで静かに休む。

5
仲間を疑う気持ちがあり、策略を練る。

6
新天地を目指し、船で旅に出る。

7
多くのソードを抱え、活躍を試みます。

8
縛られた女性がソードに囲まれ、不自由に。

9
悪夢から、まもなく解放されます。

10
刺された男性の向こうに、夜明けの光が。

ソードのA

基本のKEY WORD **決断力**

真上に突き上げられた剣と、力強い手が描かれています。剣の先にある王冠と月桂樹は勝利の象徴。鋭く、容赦のない力で戦いに勝つことを示しています。決断力もあり、正しい判断を下すことができる人間性も表します。

ACE OF SWORDS.

正位置

勝利を獲得

戦いやむずかしい判断を迫られますが、力強く前進し、目的を達成して勝利を収めることができます。強い精神力をもっているからこそ、正しい判断ができる人を表しています。

| あんずまろんの解釈例 |

感情に流されない／精神力の強さ／正しい決断／知恵がある／判断力

逆位置

強い言動に注意

人間関係を円滑にするためには、言葉の使い方に気をつけると吉。つい鋭い言葉を使ってしまったときは、相手の出方に少しだけ合わせる意識をもって。素直な相談も必要なときです。

| あんずまろんの解釈例 |

言葉使いに気をつけて／決断力が欠けがち／迷いがある／相談してみて

ソードの2

基本のKEY WORD **バランス**

夜の海を背に、目隠しをした女性が座っています。両手をクロスして2本の剣を持ち、等しいバランスを保っています。見通しのつかない状況のなかで、物事の調和やバランスをうまく保つことを表しています。

TWO OF SWORDS.

正位置

バランスよく保てる

恋愛や人間関係も、仕事とプライベートといった物事も、よいバランスを保つことができます。友人や職場の仲間との関係では、対等な関係を築くという意味もあります。

| あんずまろんの解釈例 |

バランスを保っている／内観している／瞑想／バランスをとる

逆位置

優柔不断の状態

バランスが不安定になっていて、優柔不断で決められなかったり、不公平な関係に不満が高まったりしたときは、まずは現状を確認することで、次の段階に進めそうです。

| あんずまろんの解釈例 |

アンバランス／人間不信／少々利己的／進展を求めている

Part 1 タロットカードの意味を知ろう

ソードの3

基本のKEY WORD 心の痛み

心臓を表す赤いハートに3本の剣が刺さっているのは、強い胸の痛みを表します。背景の降りしきる雨は、ほほを濡らす涙の象徴です。心が深く傷つくことを示していて、立ち直れないのであれば休息がおすすめです。

正位置

強い悲しみ

絵柄そのもののように、ハートブレイクなことが起きたとき、強い悲しみに直面し、涙を流してしまうこともありそうですが、今は思い切り泣くことが自分の癒しになりそう。

| 🐰 あんずまろんの解釈例 |

傷心／疲れ気味／トラウマがある／ストレスを抱えている

逆位置

回復のときは訪れる

さまざまな感情が入り乱れ、悲しいだけではなく、心が乱れる出来事が起きそうなときは、気持ちが混乱するかもしれません。徐々に回復のときは訪れるので、マイペースに過ごして。

| 🐰 あんずまろんの解釈例 |

少しずつ回復していく／再起へ向かう／夜は明ける／糧になる

ソードの4

基本のKEY WORD 休息

棺の上で手を合わせ、静かに横たわる騎士の彫像が描かれています。後ろには剣が整然と並び、戦いの後の休息を示しています。慌ただしく動いていた物事が休止することを表し、逆位置では、回復という意味になります。

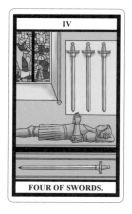

正位置

心身を休める充電期

慌ただしかった動きが落ち着き、小休止することを示しています。無理に行動を起こそうと思わず、今は心身を休める充電期と考えて、よりよいタイミングが整うのを待ちましょう。

| 🐰 あんずまろんの解釈例 |

タイミングを待つ／少し休憩／体調回復／充電期間／癒しが必要

逆位置

少しずつ物事が動き出す

休息のときが終わり、止まっていた物事が少しずつ動き出すことを示しています。難しい問題でも解決の糸口が見える、悪化していた人間関係が回復する、といった変化の兆しが訪れます。

| 🐰 あんずまろんの解釈例 |

動き始める／行動を起こす／再び動き出す／準備ができてきた

FIVE OF SWORDS

ソードの5

基本のKEY WORD 計画的

激しい戦いの末に勝利をおさめた男が、ふたりの敗者の剣を奪い、笑みを浮かべています。強い風は荒れた心を表します。容赦なく戦って勝利を手にしますが、その先を考える必要があることを示しています。

FIVE OF SWORDS.

正位置
戦略を計画
ライバルに勝利をおさめますが、少々強欲で、勝ったものの何とも言えない複雑な思いも残るかもしれません。自分の思いどおりにしたときの、先にあるものも見つめ直してみましょう。

| あんずまろんの解釈例 |

エゴが強くなっているかも／強欲／言葉や態度に気をつけて／計画的

逆位置
見直しの機会
勝ち負けにこだわりすぎかもしれません。物事を見直してみる機会ととらえ、身近な人に相談してみるのもよさそうです。行動を変えることで、周囲からの評価も変わってきそうです。

| あんずまろんの解釈例 |

見直しの機会／人間不信／誠実な行動を／意見に耳を傾けて

SIX OF SWORDS

ソードの6

基本のKEY WORD 新たな船出

船頭がゆっくりと小船を漕ぎ出そうとしています。船の中央には母親と子どもが身を寄せて座る姿も。行く先で何が起こるかわからなくても、援助者に守られ、新しい一歩を踏み出すことができるという意味のカードです。

SIX OF SWORDS.

正位置
よい方向へと進む
過去にとらわれず、未来に向けて船を漕ぎ出すときです。新しいことを始める、新たな人間関係を築く、古い習慣を断つなどのチャンス。恋愛運もよい方向へと進展が期待できそうです。

| あんずまろんの解釈例 |

新たな出発／移動・引っ越し／方向転換のとき／環境の変化

逆位置
整理して考えて
物事が停滞し、行き詰まりを感じたり、進行が遅れたり、目的がわからなくなったり、計画が延期になるといった不安があるときは、ひとりで抱えすぎずに手放すのも一手。

| あんずまろんの解釈例 |

迷っている／変化への不安／立ち止まっている／恐れがある

ソードの7
SEVEN OF SWORDS.

基本のKEY WORD **策略**

男性が5本の剣を抱え、盗み去ろうとしています。忍び足で歩きながら、にやりと後ろをふり返る姿は「ずるがしこさ」を表します。正位置は、策略を成功させる、逆位置は有益なアドバイスという意味になります。

VII

SEVEN OF SWORDS.

正位置
策を練り目的を果たす
計画とおりに目的を達成したり、自分の欲望を満たしたりすることができます。ただし、少々計画的な行動による成功のため、周囲をよく見渡し人間関係も振り返りましょう。

| あんずまろんの解釈例 |

戦略的／駆け引きしてしまう／頭がよい／うまい儲け話に注意

逆位置
役に立つアドバイス
逆位置の場合、策略とは正反対の「よい助言」「役に立つアドバイス」というポジティブな意味になります。思わぬよいアドバイスを受け、困難な状況も打開していけることを示します。

| あんずまろんの解釈例 |

やり直しがきく／思いとどまる／考え直す／誠実になる

ソードの8
EIGHT OF SWORDS.

基本のKEY WORD **制限**

目隠しをされ、体を縛られた女性が、8本の剣の間で立ちすくんでいます。このように身動きがとれない、自由がきかない、制限されている状態を示しています。ただし、足は自由なので、この拘束は長くは続きません。

VIII

EIGHT OF SWORDS.

正位置
身動きがとれない
身動きができず苦しい状況に追い込まれたように感じていませんか？ 仕事やプライベートが忙しく、息つく暇もないときは、無理をしすぎずに休むことも選択肢に入れましょう。

| あんずまろんの解釈例 |

身動きがとれない／制限される／考えに縛られる／解放されたい

逆位置
そろそろ動き出す
トラブルの原因がわかったり、打開策が浮かんだりしそうです。制限された状態から解放されるので、これからは自分の意思で動くことができそう。誤解がとけ、物事が好転しそう。

| あんずまろんの解釈例 |

誤解に気づく／無抵抗な状態をやめる／救出される／動き出す

NINE OF SWORDS
ソードの9

基本のKEY WORD **思い込み**

ベッドの上に座り、うつむいて顔を覆う女性の姿は、深い苦悩や悲しみを表します。黒い背景には9本の剣が並んでいます。長く続く悲しみや苦悩を表すとともに、悪夢はいずれ覚め、必ず逃れられることも示しています。

IX

NINE OF SWORDS.

正位置

思い込みすぎないで

人生に関わるような大切な事柄で深い悲しみを感じたり、精神的なダメージを受けたりすることを恐れています。自分の思い込みから、ネガティブな感情に沈んでしまうときは内観を。

| 🐰 あんずまろんの解釈例 |

悪夢／将来への不安／妄想に苦しむ／思い込み／深いトラウマ

逆位置

不安からの解放

悩んでいたことが解決したり、滞っていたことが動き出したりしそうな暗示です。好転の兆しに向かっているので、気持ちが少し楽になりそう。そのためにも思い込みはほどほどに。

| 🐰 あんずまろんの解釈例 |

現状が見える／不安からの解放／苦痛の消失／明るいムードが戻る

TEN OF SWORDS
ソードの10

基本のKEY WORD **夜明け前**

うつぶせに倒れた人の背に10本の剣が刺さっている緊迫した状況です。辛い状況ですが、苦痛だったことに終止符が打たれ、次の段階に進むことを示しています。奥に見える夜明けの光は、希望を意味します。

X

TEN OF SWORDS.

正位置

夜明けはすぐそこ

思わぬ不運や不幸に見舞われ、望まないかたちで物事が終了したとしても、これまでの悩みも終わることを示唆しています。苦しみや葛藤、迷いを手放すときは、もうすぐです。

| 🐰 あんずまろんの解釈例 |

夜明け前／疲れ気味／プレッシャーを抱える／問題解決は目前

逆位置

最悪な状況を抜け出す

最悪な状況から少しずつよい方向へと進み出し、明るい兆しが見えてきます。ただし、まだ完全に傷は癒えていないので、慎重に対応していく必要があるでしょう。

| 🐰 あんずまろんの解釈例 |

希望が見える／再出発／状況が好転／解決の糸口が見つかる

ソードのペイジ

基本のKEY WORD **用意周到**

ひとりの少年が荒野を歩いています。手には剣を握り、遠くに鋭い視線を投げています。周囲に目を光らせ、警戒しているのです。このカードは、用心深く情報を集める、知的で警戒心が強いといった性質を表しています。

PAGE OF SWORDS.

正位置

用心深く動く

しっかりと情報収集をしたり、用心深く動いたりすることを示すカードです。頭はよいけれど警戒心が強く、本心をなかなか明かさない人との関わりを意味することもあります。

| あんずまろんの解釈例 |

情報収集が得意／用意周到／油断のない行動／下調べが大切

逆位置

周囲をよく見渡して

知性や警戒心のネガティブな面が強調されたり、冷淡で好戦的になったりしてしまったときは、周囲をよく見渡してみましょう。誤解を受けやすいときは、信頼できる人に相談を。

| あんずまろんの解釈例 |

計画倒れに注意／誤解に注意／ためらいやすい／一歩を踏み出して

ソードのナイト

基本のKEY WORD **突進**

剣を高く掲げた騎士が、全速力で馬を走らせています。風になびく馬のたてがみや流れる雲は、素早く物事が動くことを表しています。全力で突進する、おそれを知らず突き進むことで、スピーディーな展開が訪れます。

KNIGHT OF SWORDS.

正位置

全力で突き進む

険しい道のりに思えても、全力で突進していくことで道が開けます。突然の出来事に驚くこともありますが、素早く冷静に行動することで成功を手にすることができます。

| あんずまろんの解釈例 |

スピード感／勇敢で判断力のある相手／計画性のある行動

逆位置

焦らず足元を見て

素早い行動や突進する力が裏目に出そう。先を急ぎすぎて目標を誤ったり、周りが見えなくなったりする恐れがあるので、確実に物事を進めたいときこそ冷静さが必要です。

| あんずまろんの解釈例 |

無鉄砲／命知らず／計画の見直しを／後先を考えて行動しよう

ソードのクイーン
QUEEN OF SWORDS.

基本のKEY WORD 冷淡

左手にロザリオをつけた未亡人のクイーンは胸に悲しみを抱え、なかなか人に心を開きません。まっすぐに立てた剣は女王の厳しさ、鋭さを表します。正位置ではクールで知的、逆位置は意地悪で批判的という意味です。

QUEEN OF SWORDS.

正位置

鋭い洞察力を発揮

冷静で的確な判断ができます。鋭い観察力で、平等に意見を聞くこともできそう。鋭い洞察力で、周囲の人をまとめられるので、自信をもって物事を進めることができそうです。

| あんずまろんの解釈例 |

思慮深く優秀な女性／感情に流されない／鋭い観察力／正しい判断

逆位置

抱え込みすぎかも

少々お疲れ気味で、凝り固まった意識がありそうです。周囲を信用できなくなっているなら、自分に自信がない証拠です。休みを取りながら、できることからやってみるとよさそう。

| あんずまろんの解釈例 |

精神的に不安定かも／疑心暗鬼／休みどき／正しい判断ができない

ソードのキング
KING OF SWORDS.

基本のKEY WORD 賢明

玉座に座るキングが正面をまっすぐ見据えています。手にした剣は、何かを推し量るかのように少しだけ傾いています。これはキングのような権力者や支配者が、知性で物事を冷徹に判断し、裁くことを象徴しています。

KING OF SWORDS.

正位置

論理的な判断ができる

指導者的な立場にいて、論理的な判断ができることを示します。仕事や勉強面では確実な成果を上げられるでしょう。恋愛面でも、よい判断ができて主導権をもって進められそうです。

| あんずまろんの解釈例 |

冷静かつ賢明／信念がある／白黒はっきりさせる／判断力がある

逆位置

意見に耳を傾けて

忙しいあまり、余裕がなくなっているのかもしれません。身近な人にあたってしまいそうなときは、一度、深呼吸を。落ち着けたら、周囲の意見に耳を傾けて環境から変えていきましょう。

| あんずまろんの解釈例 |

独裁者気味／威圧的な態度に気をつけて／周りを見て／クールすぎ

ペンタクル（金貨）
PENTACLE

豊かさと社会的ポジションを表す

　金貨や硬貨、紋章を意味するペンタクルは、人間にとって価値あるもの全般を象徴するスートです。精神的な価値ではなく、財産や家、肉体といった実際の物質的・金銭的な利益に価値をおくことを示します。ある意味、現実的で合理的。工夫と知恵で金銭的に豊かになるものの、慢心すると転落する、といった挫折の意味をもつカードも。物やお金による豊かさと、それにまつわる顛末が描かれています。

=== ペンタクルが描く物語 ===

ペイジ
地に足をつけて堅実な方法で豊かに。

ナイト
努力をおしまず確実に成功を目指す。

クイーン
穏やかで豊かな生活で、安全と平和に過ごす。

キング
長い努力の末、願いを叶えたキング。

A
確かな能力や豊かさを手にした様子。

2
身につけたスキルで工夫している。

3
他者に認められ、チャンスを得る。

4
報酬を手にし、満足して保持している。

5
困難を誰かと共に乗り越える。

6
平等に渡し、平等に受け取る。

7
これまでの自分を見つめ直す機会。

8
物事に一点集中している様子。

9
努力を認められ、一定の評価を得る。

10
自分の城を手にし、目標達成。

ACE OF PENTACLES.

ペンタクルのA _{エース}

基本のKEY WORD 入手

神の手が、大きな金貨（ペンタクル）を抱えています。金貨は物質的な豊かさの象徴。地面に広がる庭園は、繁栄や安定を示します。このカードは、何か価値のあるものを手にして物事が安定へと向かっていくことを表します。

ACE OF PENTACLES.

正位置

大切なものを手にする

貴重なものや高価なもの、その人にとって価値あるものを手にします。努力してきたことの手応えを感じられるときでもあります。恋愛や結婚では、前向きな一歩を踏み出すチャンス。

| あんずまろんの解釈例 |

目に見える豊かさ／最初の一歩／物質的な喜び／五感の発達

逆位置

見とおしをしっかりと

大切なものを失ってしまったり、物質的な面で不安定さが出てきそうなときは、思わぬ出費に困らないよう、見とおしを立てることで不安は消えるはずです。

| あんずまろんの解釈例 |

成功までもう少し／満たされず不安／不完全／不足しているかも

TWO OF PENTACLES.

ペンタクルの2

基本のKEY WORD 軽快

赤い帽子の若者がふたつの金貨をお手玉のように操り、遊んでいます。金貨のまわりの紐は無限大マークで、無限の可能性を示します。軽快な楽しさを表しますが、バランスを崩さないための意識にも注目を。

II

TWO OF PENTACLES.

正位置

両立上手

気分転換となる楽しいことが期待できそうです。レジャーや人との交流も楽しむ気持ちが強まります。遊びと仕事・勉強など、バランスのとれた充実した生活を送ることができそうです。

| あんずまろんの解釈例 |

バランスがとれている／やりくり上手／協調性のあるお相手

逆位置

軸足をかためてみて

感情の浮き沈みが激しく、不安定になったり、体調を崩すときは、生活を見直し、自分の軸足をかためるところから考えてみましょう。自然にバランスを取り戻せるはずです。

| あんずまろんの解釈例 |

浮き沈みが激しい／コミュニケーションが苦手／対応ができない不安

ペンタクルの3

THREE OF PENTACLES

基本の KEY WORD **協力・向上**

職人が図面を確認しながら、真剣に仕事に取り組んでいます。壁に刻まれた金貨のマークは、地道な努力を重ねて結果を出すことを表します。また現状に満足せず、さらなる向上のために努力する大切さも示しています。

THREE OF PENTACLES.

正位置	逆位置
地道に実力を磨く	**周囲と協力を**
地道に学んで実力を磨く、コツコツと努力することで成果を上げられます。仕事や勉強も、協力して着実に進めていきましょう。熟練の技術を求められる立場になることも考えられます。	平凡な技量や状態から抜け出せず、停滞を感じているときは見直しを。状況を好転させるには、周囲への協力的な態度が重要。そのうえで、意見を取り入れれば解決策がわかります。
｜ あんずまろんの解釈例 ｜	｜ あんずまろんの解釈例 ｜
交際に発展／距離が少しずつ近づく／協力／共同作業	独りよがりに注意／協調性が重要／アドバイスを聞いて／未完成

ペンタクルの4

FOUR OF PENTACLES

基本の KEY WORD **執着**

冠をかぶった男性が椅子に座り、両手で金貨を抱えています。両足でも金貨を押さえつけています。これは手に入れたものを手放すまいと執着している姿です。逆位置では、もっと欲しがる強欲さの意味になります。

FOUR OF PENTACLES.

正位置	逆位置
手放したくない思い	**不安を受け入れて**
手にしているものへの執着が強まります。対象はお金や持ち物だけでなく、異性、人間関係という場合もあります。安定した状態ですが、現状を変えたくないという思いで固まっています。	現状では満足できず、あれもこれも欲しくなってしまいそう。それは不安な気持ちの現れです。守りたいその気持ちを受け入れ、環境や状況が変わることを待つのも一案です。
｜ あんずまろんの解釈例 ｜	｜ あんずまろんの解釈例 ｜
所有／独占的／保守的／堅実／現状の維持／絶対に手放さない	保守的すぎる／あれもこれも欲しい／過度な独占欲／過剰な守り

FIVE OF PENTACLES
ペンタクルの5

◇◇◇ 基本のKEY WORD **貧困** ◇◇◇

ケガを負った貧しい男女が吹雪のなかを歩いています。これはお金や物質、健康、愛情など、すべての面での貧しさを物語っています。しかし、教会のステンドグラスからの灯りが示すように、まだ可能性は消えていません。

FIVE OF PENTACLES.

正位置
周囲に頼ってみても

収入に恵まれずに生活に困ったり、病気やケガで健康を損なったりする恐れがあるときは、周囲の頼れるパートナーに相談しましょう。ひとりで抱え込まないことが大切です。

| 🐰 あんずまろんの解釈例 |

行き詰まりを感じていませんか？／寄り添えるパートナー／収入面の不安

逆位置
混乱のときこそ冷静に

仕事やプライベートで環境が大きく変わるときこそ、自分自身を振り返る時間を大切に。周囲とよく話し合い、冷静さを取り戻せたら、次の段階に進めるときかもしれません。

| 🐰 あんずまろんの解釈例 |

そろそろ再出発／内観して／助けがほしい／ひとりじゃない

SIX OF PENTACLES
ペンタクルの6

◇◇◇ 基本のKEY WORD **慈愛・恵み** ◇◇◇

立派な服装の商人が困っている人たちに金貨を分け与えています。左手の天秤は、公平さを象徴します。このカードは見返りを求めない真の優しさ、慈愛を表します。真の優しさから生まれる、親切心や愛情を物語っています。

SIX OF PENTACLES.

正位置
親切や愛情を受ける

人から思いやりや親切、愛情を受ける、または自分が人に心からの慈愛を示すことがありそうです。公平で温かい関係を築くことで望んだ状況を手に入れる、という意味もあります。

| 🐰 あんずまろんの解釈例 |

平等性／分配する／対価／持ちつ持たれつ／ギブアンドテイク

逆位置
周囲に感謝を

自分に余裕がなくなってしまい、偏りがちでアンバランスな状態のときこそ見直しを。精神面でも、相手への気配りや配慮を忘れないよう、周囲への感謝を示すことも大切です。

| 🐰 あんずまろんの解釈例 |

偏りすぎかも／不平等／納得がいかない／公平さを欠く状態

ペンタクルの7

基本のKEY WORD **見直し**

手間をかけて育てた作物（金貨）を眺め、農夫が浮かない顔をしています。作物の成長や実りに、不満を感じている状態です。今は物事や関係がゆっくり育っていくときで、それを忍耐強く見守るという意味もあります。

VII

SEVEN OF PENTACLES.

正位置

変化や成長を見守る

物事の変化や成長がなかなか実感できず、不満を感じやすいときこそ、焦りは禁物。ゆっくりと成長・進展していく時期なので、無理に行動を起こさず、見守っているのが正解です。

| あんずまろんの解釈例 |

思案中／仕事への悩み／次の一手を／今以上を求めている

逆位置

できることからやってみて

変化・成長が遅いことが気になり、不満が高まりそうなときこそ、投げやりになったり、途中で投げ出したりしないように、できることを見つけましょう。コツコツと進めるのがよさそう。

| あんずまろんの解釈例 |

具体的な行動を／中途半端かも／途中放棄の恐れ／軌道修正を

ペンタクルの8

基本のKEY WORD **勤勉**

職人が真剣な表情で仕事に打ち込んでいます。同じ作品（金貨）を作るという単調な作業も、怠けることなく誠実に取り組んでいます。結果が出るかわからないことも、忍耐強く努力を続けることで成功に近づきます。

VIII

EIGHT OF PENTACLES.

正位置

自分なりの努力を継続

一気に成功を手にするというよりは、コツコツと自分なりの努力を続けることができます。仕事に勤勉に向き合い、着実に力をつけます。技術の習得や蓄財などにもよいカードです。

| あんずまろんの解釈例 |

大器晩成／仕事熱心なお相手／コツコツ努力／やがて必ず実る

逆位置

継続する努力を

自分の力を過信するばかりで、努力を軽視しがちかもしれません。人間関係でも信頼や誠意を大切にし、身近な人の意見を取り入れたり、感謝を伝えたりすると状況は変わります。

| あんずまろんの解釈例 |

集中力を大切に／単純作業／継続力をつけよう／技術を身につけて

ペンタクルの9

基本のKEY WORD **寵愛**

若く美しい女性が小鳥を手に優雅にたたずんでいます。庭園のブドウや金貨は豊かな実りを表します。このカードは美しさや魅力が増し、成功や愛情を得ることを示します。権力者から愛され、引き立てられるという意味も。

NINE OF PENTACLES.

正位置

美しさや魅力がアップ

美しく魅力的な人と縁ができる、あるいは自分自身の魅力がアップして、愛情や幸せを実感できそう。実力のある人に認められ、仕事でもプライベートでも活躍するシーンが増えます。

| あんずまろんの解釈例 |

豊かな女性／恵まれた環境／玉の輿／食事の誘い／信頼を得る

逆位置

魅力ゆえのトラブル

魅力があるからこそ、不誠実なつき合いや贅沢に走ってしまいそうなときは、自分の目的のためだけの行動も目立ってしまうかもしれません。自分の言動を振り返ってみましょう。

| あんずまろんの解釈例 |

贅沢に注意／感謝の気持ちをもって／現状への不安／お疲れ気味

ペンタクルの10

基本のKEY WORD **家族愛**

立派な館に、子どもからお年寄りまで家族が一堂に集まっています。主人を慕う犬や庭の様子からも、豊かで穏やかな雰囲気がうかがえます。家族のような温かい絆のなかで、充実感を味わうことを示すカードです。

TEN OF PENTACLES.

正位置

温かい絆を実感する

家族やまわりの人との絆が深まり、リラックスした穏やかな時間を過ごせます。遺産を継ぐ、価値のあるものを譲り受けるなど、人とのつながりで物質的、精神的な豊かさを感じます。

| あんずまろんの解釈例 |

成功や反映／両思い・結婚／継承／恵まれた生活／長く続く関係

逆位置

礼儀を大切にして

家族のような親しい関係性のなかで、礼儀を大切にしてみましょう。近視眼的になっているなら、一歩下がって俯瞰してみると、よい方向に進めるかもしれません。

| あんずまろんの解釈例 |

家庭問題／遺産問題／経済的に不安／浪費に気をつけて

ペンタクルのペイジ

基本のKEY WORD **努力家**

若者が金貨を両手で掲げ、大切そうに見つめています。穏やかな平原と遠くに見える青い山は、明るい未来を象徴しています。何事もまじめに、堅実に取り組むことで安定や豊かさにたどりつくことを表すカードです。

PAGE OF PENTACLES.

正位置
勤勉さが幸運を招く

まじめに努力を続ける、勤勉に働くといった姿勢が成功や幸運へとつながります。堅実で信頼のおける人と関わりをもつ、収入や金銭についてよい知らせが届く、などの意味もあります。

| あんずまろんの解釈例 |

地道に進む／勤勉／努力家／実力が伸びる／可能性を秘めたお相手

逆位置
努力を積み重ねて

つい夢見がちになりそうなときは、周囲からの意見に耳を傾けましょう。そのうえで、自分自身を振り返り、どう進めばよいか検討してみて。まずは内観の時間を大切にしてみては。

| あんずまろんの解釈例 |

恋愛に奥手／夢見がち／子どもっぽい恋／偏った思考／頑固

ペンタクルのナイト

基本のKEY WORD **着実、安定**

馬に乗った騎士が、目標を示すかのように金貨を掲げています。馬の動きは遅いですが、騎士は辛抱強く歩みを進めています。このカードは、物事の進展には時間がかかるけれど、着実に前進していくことを示しています。

KNIGHT OF PENTACLES.

正位置
慎重で着実な歩み

ゆっくりと着実に物事が進んでいきます。慌てず、騒がず、どっしりとした安定感があり、確実に前進していけます。恋愛や人間関係も、慎重で堅実なものになります。

| あんずまろんの解釈例 |

堅実でまじめなお相手／安定志向／忍耐強く目標達成／努力家

逆位置
対策を練ってみよう

堅実なのはよいところですが、マンネリ感から脱出するためにはもう少し情熱が必要かもしれません。ワクワクを感じたくなったら、もう一歩だけ踏み出してみてもよさそうです。

| あんずまろんの解釈例 |

堅物／頑固すぎる／保守的すぎる／動きが遅め／進展を求めている

ペンタクルのクイーン

基本のKEY WORD 堅実

玉座に座るクイーンが、膝の上の金貨を大事に抱えています。右下のうさぎは多産、花咲く大地は安定を表します。このクイーンは家族や住まい、財産などを守ろうとする良妻賢母であり、現実的で堅実な存在といえます。

QUEEN OF PENTACLES.

正位置	逆位置
堅実な行動がとれる	**無理はしすぎないで**
堅実で安定している状態を示します。恋愛であれば結婚を見据えたまじめな交際になり、仕事では堅実に取り組み、実績を残せそう。金銭感覚も高く、合理的なお金の使い方ができます。	生活が安定しすぎて重い雰囲気を感じているなら、無理をしすぎないこと。気持ちが落ち着いたときに新しい一歩を踏み出すことで、退屈な空気や人間関係、ビジネスが一転しそうです。
🐰 あんずまろんの解釈例	🐰 あんずまろんの解釈例
結婚を前提に交際／良妻賢母／正式なパートナー／家庭的な女性	消極的／自己保身／家事が苦手／失うことを恐れている

ペンタクルのキング

基本のKEY WORD 成功

豪華な衣装を身にまとい、悠然と座るキングが描かれています。玉座に装飾された牡牛の姿は、物質的な成功を象徴しています。これは社会的に大きな成功をおさめ、財産や地位、権力を手にすることを意味するカードです。

KING OF PENTACLES.

正位置	逆位置
経済的な安定を得る	**人も物も大切に**
キャリアアップ、事業や投資の成功、セレブとの結婚などで経済的な豊かさを味わいます。地位の高い人から援助を受け、状況が好転することも。合理的な判断で、生活が安定します。	物欲が高まり、利益を得ることを優先したくなったら、考え方のバランスが偏っていないか見直しを。財力は魅力的ですが、周囲の人やパートナーとの信頼関係も大切にしましょう。
🐰 あんずまろんの解釈例	🐰 あんずまろんの解釈例
経営者のお相手／財力／富と地位と権力／大出世／堅実でじっくり	物欲に注意／お金がすべてではない／仕事に偏りすぎ／散財に注意

タロットカードの楽しみ方

タロットカードの楽しみ方はいろいろ。
タロットを日常に取り入れて、親しんでいきましょう。

持ち歩いてお守り代わりに

タロットはいつでもあなた様の味方でいてくれる、神秘のカードです。お守りとして持ち歩けば思いを貫くことができ、落ち着いて行動できるようになります。「ワン・オラクル」（詳しくは88ページ）で引いたその日のラッキータロットを持ち歩いたり、スマートフォンの待ち受け画像にするのもおすすめ。カードケースや財布に入れたり、ポケットに忍ばせたり、あなた様の好きな方法でOKです。

お部屋に飾ってもOK

絵柄や意味あいが好きだったり、気になったりするタロットを選び、部屋に飾るのもよい方法。そのカードが目に入るたびに、気分が上がったり、目標に向かう気持ちになれたりするはずです。飾り方は自由なので、写真立てに入れたり、壁にそのまま貼ったり、好きな方法を選んでください。カードに目がいかなかったり、存在を忘れたりしたときは、もうそのカードはあなた様には必要がなくなったということです。

コレクションしても楽しい！

タロットカードはクラシカルなものから、18ページで紹介したように現代的でかわいらしい絵柄のものまで、数多くの種類が存在します。運命を感じたタロットや、絵柄が気に入っているタロットなど、いろいろと集めてコレクションするのも楽しいもの。その日の気分に合ったカードで占ったり、眺めながらパワーをもらったり、と好きなようにタロットと親しめば、占いの際のリーディングももっと深まりますよ。

POINT

呪いや罰はありえない！

飾っていたタロットカードがホコリをかぶったり、持ち歩いていたタロットが折れたりしたら罰が当たるのでは……と不安になる方もいるかもしれません。ですが、呪いや罰は絶対にないので安心して。タロットは怖いものではなく、あなた様を助けてくれるツールだと思えば大丈夫ですからね。

Part
2

はじめての
タロットを楽しもう

いよいよタロットで占いに挑戦。
基本的なシャッフル＆カットの方法や、
スプレッドをご紹介します。
各サンプルは、あんずまろんがリーディングしました。

タロット占いを始めよう

タロットカードを準備できたら、さっそく占いを始めましょう。
基本の占い方について説明します。

タロット占いのための準備

冒頭で説明したとおり、タロット占いは基本的に自由。「こうしなければ間違い」「罰が当たる」といったことは一切ありません。ここでは基本的な占い方を紹介しますが、基本を押さえたうえで、自分の好きなように、気持ちよく占えるようになるのが一番です。自分だけのタロットスタイルを作っていきましょう。

●リラックスした状態で

タロット占いに意気込むあまり、緊張しすぎたり、ピリピリしたりするのはよくありません。願掛けするものでもないので、念を入れる必要もありません。精神的にリラックスし、集中できる状態で占いましょう。気が散らない環境づくりも大切です。

●占いたいときが占いどき

タロット占いに適した時間は所説ありますが、占いたいときに占って大丈夫です。気になることがあれば真夜中でも、お酒を飲んだ後でも、カードに問いかけてみましょう。どんなときでも、カードは占う人に適した答えを出してくれるはずです。

タロットカードはいつでも相談相手になってくれます。気軽に、日常的に占うことでリーディング力もついていきます。

タロット占いの手順

Step1
質問を決める

タロット占いは、質問の作り方がポイントです（詳しい質問の作り方は 82 ページへ）。心がモヤモヤしたままあいまいな質問をしても、答えもあやふやです。例えば、「私の今後の仕事運はどうでしょうか?」という漠然とした質問でもよいですが、「契約社員から、正社員になることはできますか?」とはっきりとした質問を作ると、より明確な答えが出ます。

Step2
スプレッド（カードの並べ方）を決める

スプレッドとは、カードの並べ方のことです。タロット占いには明確な決まりはないといいつつも、伝統的に使われてきた展開があります。この本ではビギナーでも占いやすいベーシックなスプレッドを紹介していますので、はじめは練習のつもりでいろいろな並べ方を試してみるとよいでしょう。質問の内容によって、ぴったりなスプレッドを選べるようになります。

Step3
カードをシャッフル＆カットする

タロット占いは、偶然に引いたカードからアドバイスをもらう占いです。毎回カードをランダムに入れ替える必要があり、カードを混ぜることをシャッフル、いくつかの山に分けたカードを入れ替えることをカットといいます。タロットのカードはトランプよりも大きいこともあるので、テーブルの上で混ぜる「ラウンドシャッフル」がおすすめです。

Step4
スプレッドの形にカードを並べる

Step2 で決めたスプレッドの形に、カードを並べます。このとき、カードの上下の向きを変えないように、占う人から見て縦向きに置いてから、心の中で質問を唱えながら、順番に並べていきましょう。カードを伏せたままでも、絵柄のほうにひっくり返しながらでも、どちらでも OK。このときもカードの上下が変わらないよう、横に開くようにします。

Step5
リーディングする

いよいよリーディングのスタートです。並べた順番にリーディングする必要はなく、絵柄が気になったり、意味がはっきりとわかったりするカードから解釈を進めていきます。それぞれのカードをていねいに読むうちに想像力が自由に膨らみ、ストーリーが大きく展開されていきます。カードからのアドバイスやメッセージも広がっていくので、慣れるまでは時間をかけるのがおすすめです。

悩みと自分自身を理解しましょう

タロットカードに聞きたい内容は、具体的に「誰が」「どうしたら」「どうなりますか」と、主語や目的を明確にして作るのがコツです。とはいえ、人は悩んでいるとき、何に悩んでいるか、悩みの本質は何なのかなんてわからないものです。

タロットカードに向き合う前に、まずは自分自身が何を知りたいと思っているのか、心に引っかかりのあることは何なのかを見つめ直してみましょう。「自分はどうしたいのか」「そうなるためにはどうしたらいいのか」をキーワードに、悩みを理解し、カードへの質問を作るようにします。急いで結果や吉凶だけを知りたがっても、カードから明確な答えは出ないでしょう。

悩みが見えたとき、自分自身を理解できたはず。あわせてカードのアドバイスで行動を変えれば、おのずと未来も変わっていきます。

> 質問のベース→どうしたら○○できますか？

✕ どうして彼氏ができないの？
✕ 将来、幸せになれますか？

→

◯ どうすれば彼とつき合えますか？
◯ あの人と結ばれるために心がけることは？

物事の理由を聞いたり、漠然とした内容の質問では、カードからの答えもあいまいに。

「どうしたら」「心がけること」といった、具体的なことを聞ける質問になるよう、工夫しましょう。

●まず今の自分の状態を占ってみよう

本題の占いに入る前に、ワン・オラクル（88ページ）で、「今の自分は、どんな状態？」と質問し、今の心理状態を把握したうえで、本題のリーディングに入るのもおすすめです。疲れているのか、上り調子なのか、実は協力者がいるのか……。自分自身の状態を分析し、その結果を加味して本題のリーディングをすると、共通点のあるカードが出たり、イメージが広がったりして、大きなヒントとなってくれます。

この本ではビギナー向けに 7種のスプレッドを紹介しています

一問一答でシンプルに
答えがわかる

SPREAD 1 　ワン・オラクル
➡ 88 ページ

結果とアドバイスで
幸運のヒントが明解

SPREAD 2 　ツー・オラクル
➡ 92 ページ

過去・現在・未来、
と悩みの流れを知れる

SPREAD 3 　スリー・カード
➡ 96 ページ

どちらを選ぶか
悩んだときにぴったり

SPREAD 4 　二者択一
➡ 100 ページ

特定の相手との
関係性を深く占う

SPREAD 5 　ヘキサグラム
➡ 104 ページ

質問者や他者の
心の中が見える

SPREAD 6 　ケルト十字
➡ 108 ページ

その月の運勢を
一気に暗示する

SPREAD 7 　カレンダー
➡ 112 ページ

シャッフルとカットにはさまざまな作法やルールがありますが、基本は自由です。カードをしっかり混ぜることが目的なので、その日の気分でシャッフルのしかたを変えたり、気になったらもう一度シャッフルするなど、思うようにやればOK。

自由なタロット占いですが、占うときは集中することが大切です。

カードを混ぜるときは無心に、気持ちを落ち着かせ、精神統一のつもりで行いましょう。

気をつけたいのは、カードの上下。正位置・逆位置を間違えないよう、自分で天地を一度決めたら、必ず横に開くようにします。日によって気まぐれなめくり方をしないようにだけは注意しましょう。

1 テーブルの上で時計回りに3回以上、ゆっくりカードをかき混ぜます。

占うテーブルに、すべてのカードを裏返しにして出します。両手を使って時計回りに3回以上、かき混ぜてシャッフルします。気持ちを落ち着けて、自分で「もう十分混ざった」と思うまで続けましょう。

2 カードをまとめます

十分に混ざったカードを集め、ひとつの山にまとめます。このとき気になったら、トランプを切るようにして改めてシャッフルしてもOKです。納得できるまで十分に混ぜましょう。

みっつの山に分け、
再度ひとつにします

カードをみっつの山に分けて置き、好き
な順番でひとつの山に重ね直します。
このとき、縦に置いても、横に置いても、
右手で行っても左手で行っても、自由
です。自分がやりやすく、納得できる
方法で行いましょう。

好きな順で重ねます

 天地を決め、スプレッドの形に並べます

カードの山を整え、カードのどちらを上
にするか自分で決めます。決めたスプ
レッドの形に、順番に並べましょう。カー
ドの上下が入れ替わらないように、め
くるときは横向きに開きます。

 ほかの人を占うときは
上下は質問者に選んでもらって

　タロット占いに慣れてきたら、友だち同士で占うこともあるでしょう。リラックスし
たムードで、悩みを打ち明け合いながら占うのも、また違う楽しみがあります。誰
かを占うときは、質問者にカードの上下を決めてもらいましょう。スプレッドは占う
人が見やすい方向で広げるようにします。

こんなときどうする？
Q & A

占いを始めるときに初心者が陥りがちな
「どうしたらいい？」に、あんずまろんが答えます。

Q シャッフル中にカードが落ちちゃったら？

A 　シャッフル中や、カードをひとつの山に集めているときにカードが飛び出してくることはよくあります。そのとき、「このカード、気になるな」と思ったら、カードからのメッセージとしてリーディングの参考にするのもいいでしょう。あなた様が「今日は出てきたカードは拾わない」と決めているなら、カードの山に戻し、シャッフルを続けましょう。落ちたカードが気になってリーディングに響きそうなら、カードの意味を確認したほうがよいかもしれませんね。

Q リーディング中に気が散ってしまったら
やり直してもいい？

A 　例えば、リーディング中に携帯電話が鳴った場合、私はその連絡にも何らかのヒントやサインがあると考えます。連絡の内容だけでなく、お相手の携帯番号や鳴った時間の数字の羅列も覚えておき、振り返ってみるとこういう意味だったんだな、と思うことが多いからです。ただし、これは人それぞれで、気が散ってしまったのなら最初からやり直し、仕切り直してもよいと思います。正解はないので、それぞれのやり方で大丈夫ですよ。

Q スプレッドの並べる順番を
間違ってしまったときは?

A カードを並べる順番を間違っていることに気づ
いたら、私の場合はカードを戻して、スプレッド
の形にするところからやり直します。気になるな
らシャッフルからやり直してもよいですよ。ご自分
がモヤモヤしないよう、好きなところからやり直せ
ば OK。「カードから答えがほしい!」という強い
気持ちだけはなくさずに、集中してくださいね。

Q 悪い結果でガッカリ……。やり直してもいい?

A 悪い結果が出ると、不安になりますよね。納得できない答えで終わるの
はよくないので、そういうときは「どうしてこういう結果が出たんですか?」と
現在の山からカードを1枚引くことをおすすめします。悪い結果が出た理由
についても、カードに聞くということですね。カードが、「それはあなた様の
被害妄想ですよ」とか「あなた様が不安になりすぎている証拠です」などと、
悪い結果が出た理由を教えてくれます。それらを踏まえたうえで、もう一度
占い直してもよいと思いますよ。

Q タロットカードの保存や
処分のしかたに決まりはありますか?

A タロットカードの扱いに慎重になりすぎる方もいますが、ご自分が納得で
きる好きな方法で保存すれば大丈夫です。ただし、バラバラになってフル
デッキがそろわなくなったり、濡れたり汚れたりする状態よりは、きれいな状
態で保存できる方法がベターです。もし破損しても、呪われるとか罰が当
たるなんてことはないので、安心してください。それも「このカードの役割
が終わった」と解釈すればよいのです。カードがそろわなくなった場合は、
新たなタロットカードを用意してもよいと思いますよ。

ワン・オラクル

一問一答でメッセージを導く

心の中で質問を唱え、直感で選んだ1枚から答えを導くスプレッドです。今日の運勢はもちろん、お相手の気持ちや未来の行く末、アドバイスなど、幅広い内容を占えます。ひとつの悩みに対して、1枚のカードを引きます。

占い方

1 カードをシャッフル&カットし、カードの上下を決め、山を作りましょう。聞きたいことを心の中で唱えます。

2 カードの山の一番上のカードを引きます。または、カードを広げた中から1枚を選ぶ方法もあります。

ワン・オラクルのカードの意味

　直感で選んだたった1枚のカードが、心の中で思い浮かべた質問に対し、明確に答えを教えてくれます。使うカードは1枚なので、シンプルでもっとも手軽な占いです。単刀直入にアドバイスがほしいとき、すぐに答えを知りたいときにぴったり。毎日のワン・オラクル占い（164ページ〜）を日課にすれば、カードの意味に慣れ親しむこともできます。

質問例

● 今日のラッキーカラーを知りたい

● 気になる人にSNSで連絡してもいい？

● 仕事が佳境だけど、うまく進められる？

POINT

カードはどんな質問にも答えてくれますが、何を知りたいのか、質問の内容をはっきりとさせることが大切です。質問内容がブレないように、質問をしっかりと頭の中に思い浮かべたり、口に出してみてもOK。好きな方法を選びましょう。

ビギナーへのアドバイス

**シンプルだから
ビギナーもチャレンジ！**

たった1枚で占えるワン・オラクルは、初心者にぴったり。端的に答えを知ることができ、カードの扱いや読み方にも慣れることができます。

**続ければインスピレーションが
鍛えられる**

1枚だけで答えを読み取る作業は、解釈を広げる練習にもなります。カードが示す意味を考えるうちに、占う人のインスピレーションも鍛えられるはずです。

今日はどんな一日になる?

法王 逆位置

Answer 1 答えが見つかる 一日になる予感

あなた様のなかでひとつの答えが見つかる一日になります。何かに対して不安になっていたり、疑心暗鬼になっていることがあるのなら、今日は気持ちを落ち着かせてゆっくりと休んでください。休むことで、必ず答えは見つかりますよ。

力 正位置

Answer 2 今後に繋がる 深い縁が得られそう

これまで、なかなかうまく進まないと思っていたことに対して、打開策が浮かびます。誰かとの絆が深まったり、理解し合えたりし、共感し合える。そんな素敵な一日になりそうです。今後の大きな学びにも繋がりそうなので、このご縁は大切にしてくださいね。

ワン・オラクル
SAMPLE B

アルバイトの 面接はうまくいく?

世界 正位置

Answer 1

必ず成功し、想像以上の 成果が得られます

完成や目標達成を表すカードです。アルバイトの面接は、必ず成功するでしょう。あなた様が求めていた職種で、理想の勤務形態で働くことができます。また職場の環境や人間関係もとてもよく、新たな人生のスタートを切れそうですよ。

隠者 逆位置

Answer 2

ご自身の強みを 生かせば大丈夫!

いろいろと考えを巡らせているときに現れるカードです。自信を失っていませんか?大丈夫ですよ。ご自分らしさを大切にし、専門的な部門や得意としていることを、あなた様のやり方でアピールすれば必ずうまくいきます。専門性を強みにしてみてくださいね。

ツー・オラクル

使用カード
大アルカナ22枚 or
フルデッキ78枚

シンプルながらも結果と対策が明確

未来を予測したり、幸運のヒントやアドバイスを知りたかったりするときに
ぴったりの2枚引きのスプレッドです。カードの組み合わせ、絵のイメージ
を見比べながら、結果と対策の読み取りを深めてみましょう。

結果

対策／アドバイス

占い方

1
シャッフル&カットし、上下
を決めて山を作ります。

2
カードの山の上から7枚目
を①に置きます。

3
続けて8枚目を②に置きま
す。

ツー・オラクルのカードの意味

①結果

質問したことが、この先どうなるかという結果を示します。どうしてそうなるのかの理由も秘められています。

②対策

①で出た結果から、どうすればいいのかアドバイスや対策を教えてくれるカードです。

質問例

● 好きな人に告白したら成功する？

● 拾ってきた子猫をそのまま飼ってもいい？

● ダイエットがうまくいかないけれど方法が間違っている？

● 休日の有意義な過ごし方を知りたい

POINT

ツー・オラクルは恋愛のほか、仕事や人間関係、趣味のことなど幅広い質問が可能です。「結果」がどんな内容であっても、よりよい方法を「対策」で得られるのが特徴。上下を間違えないよう、横にカードを開くようにします。

ビギナーへのアドバイス

まずは大アルカナで慣れていこう

2枚のカードのそれぞれの意味から、2枚の関係性も絡めて解釈を広げていくのが理想です。まずは大アルカナだけで占い、カードに慣れていきましょう。

絵柄を見比べてカードの共通点に注目を

2枚のカードを見比べてみて、似ているところがないか、共通点を探すと解釈が広がります。2枚のカード全体から受ける印象にも注目してみましょう。

ツー・オラクル
SAMPLE **A**

元カレに連絡してもいい？

Answer
1
おふたりとも同じことを
考えているようです

恋人 正位置　　死神 逆位置

連絡して大丈夫です。「恋人」が出たので、お相手はしっかり今もあなた様のことを思っています。お相手もあなた様と同じように、この恋はおしまいにしたほうがいいのか、やっぱりあきらめないほうがいいのかという思いの狭間にいるようです。動きたいけど動けない、とおふたりともが思っているので、連絡してもOKでしょう。その先のことをきちんと話し合えるので、安心してくださいね。

Answer
2
今、考え中のよう。
少し待ってみましょう

ワンドのエース　　ソードのエース
逆位置　　　　　　逆位置

「ワンドのエース」の逆位置が出たので、お相手は今、気持ちを整理しているようです。その気持ちが落ち着くまで、もう少し待ってもよさそうですよ。どちらもエースが出ましたから、長い期間連絡がないとか、何も反応がないわけではありません。時間はそうかからないはずなので待っていて大丈夫でしょう。今は無理をせずに、ご自分らしくお過ごしくださいね。

あんずまろんの
リーディング

ツー・オラクル
SAMPLE **B**

買おうか迷っている
ワンピースを買うべき?

Answer 1 むしろ両方買って
あなた様らしさを発揮

節制 正位置　　戦車 正位置

迷っているワンピースは二着ありませんか? 両方買ってもよさそうです。「節制」は両立できることを意味します。どのワンピースも素敵に着こなすことができ、出費があっても次につなげられる暗示があります。「戦車」はあなた様らしさを発揮して、という意味なので両方買ってOKです。予算的に厳しければ、一着は今月、もう一着は来月に買うとよさそうですよ。

Answer 2 欲しいという気持ちに
素直になってみて

星 逆位置　　魔術師 正位置

「星」の逆位置が出たので、そのワンピースはもともと欲しかった、買いたかったけど買えなかったものではないでしょうか? それくらい思い入れがあるものなので「買っちゃいましょう」という暗示があります。お金の都合があったり、似合わないかも……と思ったりしたとしても、あなた様に欲しいという気持ちがあるなら、その気持ちを大切にして買ってOKですからね。

スリー・カード

使用カード
大アルカナ22枚 or
フルデッキ78枚

運気の流れと行く末がわかる

3枚のカードを使って、「過去」「現在」「未来」の運気の流れ、その悩みや課題がどのように変化していくのかを読み解くスプレッドです。占う人やだれかの本当の気持ちを占う、ということも含めて時間の流れに着目するのにも適しています。

過去
（原因）

現在
（結果）

未来
（アドバイス）

占い方

1
カードをシャッフル＆カットし、カードの上下を決めます。

2
カードの山の上から6枚を捨て、7枚目を①に置きます。

3
続けて8枚目を②に置きます。

4
さらに続けて9枚目を③に置きます。

スリー・カードのカードの意味

⟨1⟩ 過去（原因）

悩んでいることを生み出した原因や、そのときの様子、さらにそのときの占う人の気持ちなどを表すカードです。

⟨2⟩ 現在（結果）

今の状況、占う人の今の気持ち、運気を表します。心の中にある本当の心理や問題点を示すこともあります。

⟨3⟩ 未来（アドバイス）

近い未来（3か月後くらい）に起こる可能性について教えてくれます。読み解き次第で対処法もわかります。

質問例

● 彼氏とケンカをしました。仲直りするにはどうしたらいい？

● アルバイト先の先輩と折り合いが悪いです。改善の余地はある？

● 何をやってもうまくいきません。今後の運気は？

POINT

過去・現在のカードから原因と結果を知り、その内容を受けて近未来がどうなるか、アドバイスを知りたい質問が向いています。

ビギナーへのアドバイス

なぜ6枚を捨てて7枚目を引くの？

西洋でも東洋でも、「7」は特別な意味をもつと信じられています。旧約聖書によると、神はこの世界を作るのに7日かけた、と書かれているとか。また、宇宙の周期やリズムを刻んでいるという説も。タロット占いでも、7枚目のカードに、特別な意味が示されるといわれています。

3枚それぞれの関係性にも注目

スリー・カードのそれぞれ1枚ずつを読み解いたら、「流れ」を読みたいこのスプレッドでは、とくに3枚の共通点を探すのがポイントです。スートや数字はもちろん、絵のなかに同じモチーフはないか、全体から受ける印象にも注目し、解釈を広げましょう。

スリー・カード SAMPLE A

好きな人からSNSの返事がきません。今後どうなる?

Answer 1 マイペースに待っていればOK！

女帝　　　　皇帝　　　　太陽
正位置　　　逆位置　　　正位置

「あなたのことなんて気にしてないです」という雰囲気で、マイペースな気持ちで待っていてOKです。結果で「太陽」が表すように、お相手はあなた様のことが大好きです。お相手は素直な気持ちになれていないだけなので、お相手向けではなく、SNSで自分の生活が充実していることをアピールし、あなた様らしさを発信していれば、いずれ向こうから連絡がやってきますよ。

Answer 2 SNSで発信しながら待っていて大丈夫です

 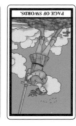 

女帝　　ソードのペイジ　カップのキング
正位置　　逆位置　　　　正位置

お相手はあなた様がSNS上で楽しそうにしているのを見るのが好きなようです。返事がないのも、タイミングを逃しているだけですよ。どんどんSNS上で、好きなことを発信しましょう。そうすることで、お相手は様子を見ながら近づいてきそうです。「カップのキング」が出ているので、お相手からあなた様に好きだと伝えてきそうなので、あなた様は待っていればOKです。

98

スリー・カード SAMPLE B 貯金が下手なので、今後の金運を知りたいです

Answer 1

少額からでも始めれば
貯金が趣味になりそう

運命の輪
逆位置

魔術師
正位置

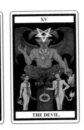

悪魔
正位置

あなた様は金運がないのではなく、単純に浪費してしまったのではないでしょうか。お金を貯めるためには、まず目標を決めるとよさそうです。一日100円ずつ貯めるなど、できることから始めてみると、意外とそれにハマるかもしれません。「悪魔」は、貯金にハマることを暗示しています。こだわりが出てきて、目標をレベルアップできるかも。金融がひとつの趣味になるかもしれません。

Answer 2

「貯めるのが下手」から
意識を変えて金運アップ

ペンタクル
のペイジ
逆位置

ペンタクル
のキング
正位置

ペンタクル
の9
逆位置

「ペンタクルのペイジ」が示すように、お金を貯めるのは得意ではなさそうですが、それを克服すれば貯蓄上手になることがカードに現れています。自分で「貯金が下手」とわかっているのであれば、その自覚をもったまま、貯金に関する情報を集めるなど努力をしてみませんか？貯めるコツを一度つかめば、末永く金運はよくなりそうなので、意識を変えてみてはいかがでしょうか。

二者択一

使用カード
大アルカナ22枚 or
フルデッキ78枚

どちらを選ぶべきか迷っているときに

選択肢 A と B、どちらを選ぶか迷っている、というときに、それぞれにどんな未来があるのかを教えてくれるスプレッドです。カードによっては、そのふたつの選択肢以外の答えがあることを示すことも。この本では8枚のカードを使った「二者択一」を紹介します。

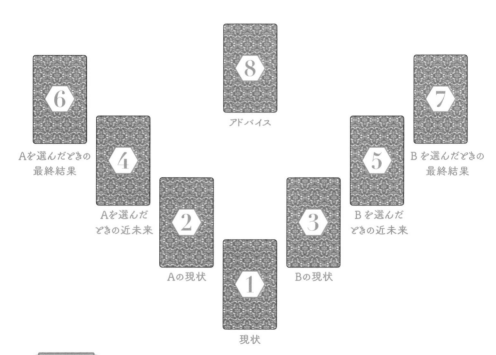

アドバイス

6
Aを選んだときの
最終結果

4
Aを選んだ
ときの近未来

2
Aの現状

7
Bを選んだときの
最終結果

5
Bを選んだ
ときの近未来

3
Bの現状

1
現状

占い方

1 カードをシャッフル&カットし、カードの上下を決めます。選択肢のどちらをA・Bにするかを心の中で決めます。

2 山から6枚を捨て、①・②・③・④・⑤を続けて置きます。6枚を捨てて⑥、再度6枚を捨てて⑦、最後に6枚を捨てて⑧にカードを置きます。

※大アルカナのみで占うときは、⑤まで同様に置いた後に6枚を捨て、⑥・⑦・⑧に続けてカードを置きます。

二者択一のカードの意味

①現状

今の状況を示すカード。選択肢に悩む占う人の今の気持ち、姿勢がわかります。

②Aの現状

選択肢Aの現在の状況です。人であれば、その気持ちや姿勢を表しています。

③Bの現状

選択肢Bの現在の状況です。人であれば、その気持ちや姿勢を表しています。

④Aを選んだときの近未来

選択肢Aを選んだとき、近いうちにどのようなことが起こるか、どのような状況になるかを示します。

⑤Bを選んだときの近未来

選択肢Bを選んだとき、近いうちにどのようなことが起こるか、どのような状況になるかを示します。

⑥Aを選んだときの最終結果

選択肢Aを選んだとき、最終的にはどうなるのか、その後の結果を占います。

⑦Bを選んだときの最終結果

選択肢Bを選んだとき、最終的にはどうなるのか、その後の結果を占います。

⑧アドバイス

これまでカードが示した内容を受けて、全体的なアドバイスを表します。

質問例

● 旅行先のA案とB案で迷っています。どちらに行くと楽しく過ごせそう？

● 長くつき合っているAさんと、積極的に誘ってくれる魅力的なBさん。どちらを選ぶほうが幸せ？

● 会社のパーティーを開く会場選びで迷っています。派手なA会場か、シックなB会場、どちらがいい？

POINT

選択肢は人物でも事柄でも場所でもOK。スプレッドの示すAとBを、迷っている選択肢のどちらを当てはめるかはインスピレーションで決めます。

二者択一 SAMPLE A

同じくらい好きな人がいます。どちらに告白したらいい?

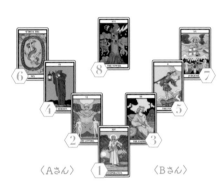

〈Aさん〉　〈Bさん〉

①節制 正位置　②恋人 正位置　③女帝
正位置　④隠者 正位置　⑤愚者 正位置
⑥世界 逆位置　⑦審判 正位置　⑧塔 正位置

Answer 1 どちらも良縁なので好きなほうを選んでOK

　おふたりとも結婚意識は高そうですがスタンスが違います。Aさんは「隠者」が示すように、将来を真剣に考えることになりそうですが、時間がかかりそう。Bさんは「愚者」なので、このままいければいいなと思っていて、あなた様をトラウマから脱却させてくれるような安定的な恋愛ができそう。あなた様が好む恋愛スタイルを選べば、幸せになれそうですよ。

〈Aさん〉　〈Bさん〉

①ペンタクルの8 逆位置　②ソードのキング 逆位置
③カップの2 正位置　④ワンドの9 正位置
⑤ソードの5 逆位置　⑥ソードの3 正位置
⑦カップのペイジ 正位置　⑧力 正位置

Answer 2 あなた様がリードしやすい方を選んで

　ほかのことに集中できていないようですね。まず、Aさんは素直になれないタイプのよう。もともと警戒心が強く繊細なので、あなた様がヒーラーのような立場でリードするとよいかも。Bさんは意思疎通しやすく楽につき合えるタイプ。恋愛でドキッとさせることも好きで、ピュアな感覚を共有していけます。「力」が示すように、あなた様がよりつき合いやすそうな方を選んでください。

二者択一
SAMPLE B

引っ越し先でAアパートと、Bマンションで迷っています

〈Aアパート〉　〈Bマンション〉

① 運命の輪 [逆位置]　② 月 [正位置]
③ 女教皇 [正位置]　④ 吊るされた男 [逆位置]
⑤ 法王 [正位置]　⑥ 正義 [正位置]
⑦ 力 [逆位置]　⑧ 戦車 [逆位置]

Answer 1　納得のいく妥協点を見つけてから決めても

　「運命の輪」逆位置が示すように、引っ越し先を決めるのは、もう少し先でもよさそうです。本当に住みたいのはBマンションと思っていませんか？　Aアパートは家賃が安くて住みやすそうだけれど、何かを妥協している感じ。Bマンションは理想に近くはあるけれど、通勤の便はよくなさそう。何を優先したいかをもう一度よく考えれば、あなた様の納得のいく引っ越し先が見つかりそうです。

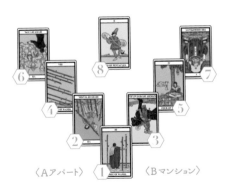

〈Aアパート〉　〈Bマンション〉

① ワンドの3 [正位置]　② ワンドの7 [逆位置]
③ ペンタクルのナイト [逆位置]
④ ワンドの8 [正位置]　⑤ カップの4 [正位置]
⑥ カップの7 [逆位置]　⑦ 法王 [逆位置]
⑧ ペンタクルの2 [正位置]

Answer 2　自分に負担にならない引っ越し先を見つけて

　あなた様は、必ずよい引っ越し先を見つける、という目標を掲げているようですね。Aアパートは近所づきあいが気になりますが、現実的な条件です。Bマンションは維持費が高い面が気になり、ここに住むためには収入を増やす必要がありそうです。アドバイスで「ペンタクルの2」が出たので、どちらがご自分の負担にならないかを考えて、選ぶとよさそうですよ。

SPREAD 5

ヘキサグラム

使用カード
大アルカナ22枚 or
フルデッキ78枚

特定の相手との関係を深く占う

恋の相性や成り行き、人間関係のトラブル解決の糸口を知りたいときに占いやすいスプレッド。ふたつの三角を合わせた六芒星(ろくぼうせい)の形にカードを並べます。上向きの三角形は時系列、下向きの三角形はそれぞれの気持ちとアドバイスを示します。

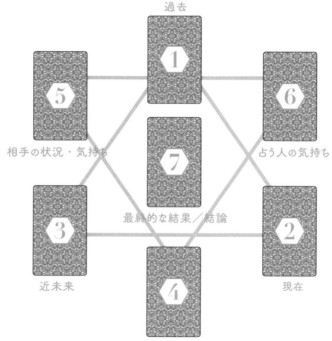

過去
① ⑤ ⑥
相手の状況・気持ち
⑦ 占う人の気持ち
最終的な結果／結論
③ ②
近未来 ④ 現在
アドバイス・対策

占い方

1 カードをシャッフル&カットし、カードの上下を決めて山を作ります。

2 三角形の最初である①と①を並べるときにカードの山から7枚目を取って続けて並べます。

⟨1⟩ 過去

二者の関係性の、かつ
ての状況を示します。
現在の原因が隠れてい
ることもあります。

⟨2⟩ 現在

現在の二者をとりまく
状況や関係性を表しま
す。お互いにどんなこ
とを考えているか、心
の内がわかります。

⟨3⟩ 近未来

二者が近い将来、どうな
っていくかを占います。
③と⑦に発展的なカード
が出るかどうかを見極め
て解釈します。

⟨4⟩ アドバイス・対策

今後、よい方向に進むための対策を
カードが示します。⑤と⑥を解釈して
から読み解くと効果的。

⟨5⟩ 相手の状況・気持ち

この課題についての相手の気持ちで
す。⑥のカードとセットで読むことで、
それぞれの力関係も見えてきます。

⟨6⟩ 占う人の気持ち

この課題についてのあなたの本心が
現れます。⑤のカードとセットで読む
ことで、悩みの根幹がわかります。

⟨7⟩ 最終的な結果／結論

こういう結末になるでしょう、という
最終予想です。③の後、どのように
進展するかがわかります。

質問例

- くっついたり離れたりしているパートナーとの行く末は?

- 交際してすぐにプロポーズされました。どうしたらいい?

- 仕事を再開することに夫が反対。話し合いの糸口はある?

POINT

相手の気持ちを知ったうえで解決策を教えてくれます。

ビギナーへのアドバイス

シンプルな
相談にぴったり

ヘキサグラムは、1対1のシンプルな人間関係に向いたスプレッ
ドです。とてもわかりやすく、各項目がそれぞれはっきりしてい
るのが特徴です。

ヘキサグラム SAMPLE A

今、つき合っている彼とはゴールインできそう?

① 悪魔 [逆位置]　② 隠者 [逆位置]
③ 塔 [逆位置]　④ 運命の輪 [逆位置]
⑤ 吊るされた男 [逆位置]　⑥ 月 [逆位置]
⑦ 正義 [正位置]

Answer 1

プロポーズがありそう。
待っていればOK

　恋愛に依存しがちで悩んでいたようですが、今は抜けてこられています。お相手はあなた様との将来のことをどう動けばいいか考えている状態。あなた様も本音で伝えたり、行動したりしようとしていますね。最後に「正義」が出ているので、近いうちに結婚についての話が、お相手のほうからあると思います。ゴールインの予感があるので、待っていればよさそうですよ。

① ワンドの2 [正位置]　② ソードの2 [逆位置]
③ カップの6 [逆位置]　④ 隠者 [逆位置]
⑤ 悪魔 [正位置]　⑥ カップの9 [正位置]
⑦ ワンドのキング [逆位置]

Answer 2

誠実に考えてほしいことを
くぎを刺してみては?

　以前からあなた様はお相手との将来を考えてきたようですが、お相手に誠実さを感じられず、不安になっているよう。お相手の過去の恋愛経験に気になる部分もあるようです。「悪魔」が示すように、お相手はあなた様に執着していて、甘えています。最終結果的にはゴールインできそうですが、アドバイスとして、思い切ってあなた様からお相手に、少しくぎを刺してみてもいいかもしれません。

あんずまろんの
リーディング

ヘキサグラム
SAMPLE B

趣味のサークルを運営する パートナーは信用できる?

① 審判 正位置　② 愚者 正位置
③ 戦車 逆位置　④ 恋人 逆位置
⑤ 力 正位置　⑥ 女教皇 正位置
⑦ 魔術師 逆位置

Answer 1 あなた様と対等な立場で サポートしてくれます

　あなた様はそのサークル活動で傷ついたご経験があるようですね。もうああいう思いはしたくないという決意が伝わってきます。現在のパートナーですが、「力」と「魔術師の逆位置」が示すように、すでに不器用ながらもあなた様を対等な立場で支えてくれています。いずれ、「この人は本当に信用していいんだ」と、あなた様ご自身が身をもって体感できそうです。安心してくださいね。

① 恋人 逆位置　② ソードの10 正位置
③ ペンタクルの5 正位置　④ 戦車 逆位置
⑤ ペンタクルの3 逆位置　⑥ カップの10
正位置　⑦ ソードのクイーン 正位置

Answer 2 唯一無二の頭のよい パートナーが現れます

　あなた様は経験から人を信じられず、今でも裏切られた経験を思い出して辛くなることもあるのでは?　そんなあなた様を見守ってくれているパートナーは信用できる方です。ありのままのあなた様をそのまま受け入れてくれる、頭のよい方なので、この方になら本心を見せても大丈夫。「ソードのクイーン」が出たので、技術的にも精神的にも、しっかりとあなた様を支えてくれそうですよ。

ケルト十字

自分自身の状況を深く掘り下げる

周囲や相手の気持ち、状況のほか、自分自身について焦点を当てたスプレッド。過去から今後の展開、自分自身がまだ気づいていないこと、把握できていないこと、隠された問題点もわかります。

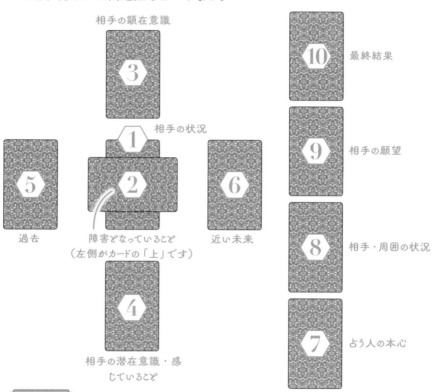

相手の顕在意識

3

最終結果

10

相手の状況

1

相手の願望

9

5

2

6

相手・周囲の状況

8

過去

障害となっていること
（左側がカードの「上」です）

近い未来

占う人の本心

7

4

相手の潜在意識・感
じていること

占い方

1 カードをシャッフル＆カットし、カードの
上下を決めて山を作ります。

2 ⑦を並べるときだけ、カードの山の
上から6枚を捨て、7枚目から取っ
て並べます。

ケルト十字のカードの意味

①相手の状況

今の状況や、具体的に悩んでいることを表します。占う人自身が気づいていないことも暗示します。

②障害となっていること

この問題で障害になっている試練を示します。周囲の環境や、克服しなければならない問題のことです。

③相手の顕在意識

相手が自分でも認識している気持ち、わかっていることを表すカードです。

④相手の潜在意識・感じていること

相手の無意識にしていること、考え方を暗示します。真の望みや、この問題について表に出ていないことが現れることも。

⑤過去

この問題について、過去どういう状況にあったかを表します。問題のきっかけとなった原因もわかります。

⑥近い未来

このまま進むとどうなるかを示すカード。近々この問題についてどう変化していくのかがわかります。

⑦占う人の本心

占う人の本心が現れるカードです。自分の気持ちと向き合うきっかけにしてみましょう。

⑧相手・周囲の状況

相手がどう考えているか、周囲の人がどう思っているかがわかります。協力者の有無も見えます。

⑨相手の願望

③、④を踏まえ、相手がどんな望みを抱いているのか、今後変化する気持ちを暗示します。

⑩最終結果

最終結果です。望まないカードの場合は、もう1枚引いてアドバイスカードにしましょう。

質問例

● 社内で孤立している。今後どうしていけば？

● 友だちを怒らせてしまった。いったい何が原因？

● 息子の嫁が家に遊びに来ない。どう対応するのがいい？

ケルト十字
SAMPLE

ケガや病気、離縁など トラブルが多く、現状を変える にはどうしたらいい？

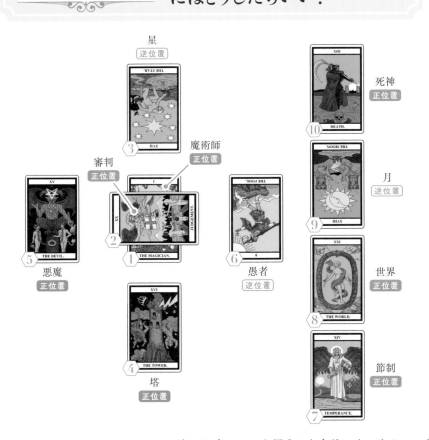

星
逆位置

死神
正位置

魔術師
正位置

審判
正位置

月
逆位置

悪魔
正位置

愚者
逆位置

世界
正位置

塔
正位置

節制
正位置

Answer
1

運気を変えたい思いが
すでによい巡りに。
そのままで大丈夫です

　流れを変えたいと思うこと自体がとてもよいこと
です。苦労する運命、と思いつつも、どこかで人
生が変わったらいいのにと思っていますよね。ト
ラブルの多い過去でしたが、もう少ししたら、そ
の苦しみも薄れてきます。あなた様が無意識にやっ
ていることが影響し、環境的にもよくなってきます。
「死神」が示すように、今のやり方で大丈夫。よ
い運気が巡ってきています。

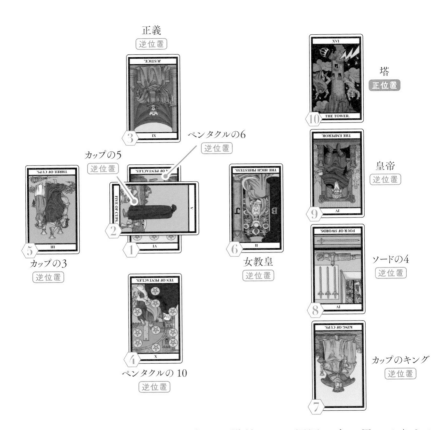

正義
逆位置

ペンタクルの6
逆位置

カップの5
逆位置

カップの3
逆位置

女教皇
逆位置

ペンタクルの10
逆位置

塔
正位置

皇帝
逆位置

ソードの4
逆位置

カップのキング
逆位置

Answer
2

まずは自身を大切にし、
周囲からの助けに
身をゆだねてみては

　ご自分を犠牲にし、周囲の方に思いやりをかけてきました。「正義」が出ているので、あなた様は変わらなきゃと思っていて、人生が変わることにも期待しているようです。過去に人間関係で苦労したようですが、そんなあなた様を理解してくれる方が突然現れます。周囲の方も助けてくれるので、自分を大事にしながら、環境が変わるのを待っていてOKです。

カレンダー

1か月分の運勢を一気に占える

その月のカレンダーどおりにカードを並べ、毎日の運勢を占います。結果は
ノートなどに控えておき、毎日チェックしていくとよいかもしれません。カー
ドが多すぎると感じたら、1週間の始まりに7枚並べて同様に読み解くのも
ビギナーにはおすすめです。

		9				
SUN	MON	TUE	WED	THU	FRI	SAT
			1	2	3	4
5	6	7	8	9	10	11
12	13	14	15	16	17	18
19	20	21	22	23	24	25
26	27	28	29	30		

①②③④
⑤⑥⑦⑧⑨⑩⑪
⑫⑬⑭⑮⑯⑰⑱
⑲⑳㉑㉒㉓㉔㉕
㉖㉗㉘㉙㉚

占い方

1 カードをシャッフル&カットし、カードの
上下を決めて山を作ります。

2 カードの山の上から6枚を捨て、7枚
目から①から順番に並べます。その
月のカレンダーどおりに並べましょう。

カレンダーのカードの意味

その日にあたるカードが、その日の運気を示します。歯医者に行く日、美容院に行く日、大切な仕事先へのアポイントなど、スケジュールを組む参考にしたり、「今日は言葉の使い方に注意しよう」などと過ごし方の指針にするとよいでしょう。スケジュール帳やノートにカードの結果を残すと便利です。

ビギナーへのアドバイス

一日の終わりに
結果を振り返ってみても

カードの暗示をもとに過ごしたら、一日を振り返りながらカードとの因果関係を考えるのもおすすめ。「あのシーンは『隠者』だったかも」などと、カードに対するイマジネーションが膨らみます。

毎月1日や新月を
占う日にしては？

月の始まりの毎月1日は、占いをする日にぴったり。1か月分の自分の行動指針がわかり、目標や気をつけることの整理ができます。また、月の満ち欠けの「新月」の日も、リーディングが冴える日なのでおすすめです。

その日のカードを
お守り代わりに

その日のカードをお守り代わりに持ち歩いたり、スマートフォンの待ち受け画像にしたりするのもおすすめです。自分が落ち着いたり、気分が上がる方法を、タロットカードを通して見つけましょう。

\ 教えて！ あんずまろん！ /
リーディング上達のコツ

実際にタロット占いをはじめると、解釈に迷うこともあります。
リーディングが上達するための方法とは？

占いたいときに
占ってみましょう

　タロット占いは神秘的で不思議なものなので、その結果はあなた様の気持ちや精神状態が大きく反映されます。「もっと占わなきゃ」と一生懸命に練習するようなものではなく、ご自身のできる範囲でマイペースに、「占いたいときに占う」「悩みがあるときにカードに聞く」ことが基本です。引きたいときにカードを引き、そのときにリラックスして集中できていれば、リーディングの力もつきますよ。

ワン・オラクルで
カードに慣れていこう

　88ページ・164ページから紹介しているワン・オラクルを使った毎日のラッキー占いは、カードの意味合いを覚えるきっかけになります。コンディションを整え、意欲をもって毎日カードを引いてみてくださいね。「今日もやらなきゃ」という気持ちのときは、カードの意味がわからなかったり、苦しくなってきたりするはずです。そんなときはお休みし、気持ちが整った日にリーディングしましょう。

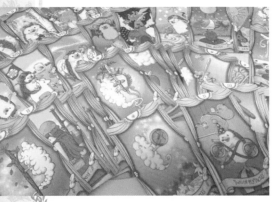

FABLE HEDGEHOG TAROT ／Ⓐ

結果を知っていることで
占うとよりよいです

　リーディングの勘を冴えさせたいなら、ご自分のコンディションのいいときに、もともと知っているニュース……例えばその日の天気や、誰かの結婚についてなどを題材にして占えば、その結果はすでに出ているので、引いたカードの読み解きに役立ち、答え合わせをすることができます。リーディングした結果をノートにまとめておくと、各カードの解釈の傾向がわかり、ご自身を占う際にも必ず役立ちますからね。

Part
3

鑑定例でリーディングを
見てみよう

実際の相談例をもとに、著者のあんずまろんが
リーディングをした鑑定結果をご紹介。
プロの着目点、解釈を参考にしましょう。

結婚後に住んだ土地に なかなかなじめません

結婚して、夫の出身地である都心に引っ越してきました。自然に囲まれた、のんびりとした田舎で育った私には今住んでいる場所が都会すぎます。なかなか環境に慣れることができません。もちろん夫のことは大好きですが、どうしても住んでいる場所を好きになれず、楽しくない毎日です。どうしたらよいでしょうか。

(30代・女性)

SPREAD 1 ワン・オラクル

質問 ▶ 最初に何をすればよいでしょうか?

カップの2 [逆位置]

まずはご主人とよく相談してみて

　ご主人に、今のあなた様のお気持ちを伝えたほうがよいというカードが出ています。たぶん、あなた様はひとりで悩みを抱え込んでいるのだと思います。ご主人のことがお好きで、そのご主人の育った場所だからと、思っていることを伝えづらいのではないでしょうか。まずはご主人に話してみることで、改善点をいっしょに探していけるとカードはいっています。おそらくご主人と、このことについて話し合いがまだ十分にできていないから、フラストレーションがたまり、どうすればよいのかと堂々巡りになっているのではないかと思われます。少しずつ話してみてくださいね。

追加の質問 ▶ 改善策はありますか？

ソードの9 逆位置

無理に都会好きになる必要はないですよ

あなた様が抱いている「都会は苦手」という思いを無理に変えて、都会好きになる必要はありません。その土地を好きにならなければいけないという考えをもたなくても大丈夫です。私はここ（都会）が好きではない、合わないというお気持ちをきちんと受け止めたうえで、ご主人とこれからどうしていくかを話し合い、おふたりで見直していくとよいと思います。そうすることで、未来はかなり変わってきます。お気に入りの落ち着いた場所を見つけたり、何らかの改善点が見つかったりするという暗示が出ていますよ。

 Answer

都会に合わない気持ちを受け止め、
おふたりで生活の見直しを。

 Hint 追加の質問はシャッフルをしてからでもOK

ワン・オラクルでリーディングをしたとき、追加して別の質問をしたくなることもあるでしょう。そんなときは、再度カードをシャッフルしてから、気になったカードを選んでみてもよいでしょう。結果に納得できないときは「どうしてこの結果が出たのか」と問いかけてみると、打開策が見つかりますよ。

ママ友がひとりもいなくて、これでよいのか不安です

> 40歳で結婚、出産した専業主婦です。知り合いになったママたちは、ほとんどが20代と若く、年齢的な問題なのか話が合いません。そんなわけで、まだひとりもママ友がいないのですが、これでは子どもがかわいそうなのかなと思ったりします。どうすればママ友ができるのか、悩んでいます。　　　（40代・女性）

SPREAD 1　ワン・オラクル

質問 ▶ どうすればママ友ができますか？

世界 正位置

好きなことで仲間を見つけて

　すごくよいカードが出ました。結論からいうと、ママ友を無理に作らなくて大丈夫です。お子さんの保育園・幼稚園の関係のなかで無理に友だちを作るより、あなた様の好きなことでお友だちを作ればよいのではないでしょうか。あなた様がすでに趣味をおもちならそのコミュニティーで、まだ趣味をもっていないなら新しく何かを始めたり、探したりして、新しいコミュニティーのなかでお友だちを作ってみてください。そこでは年齢など関係なく、人間性でおつき合いできる友だちができるはずです。その方となら、きっとあなた様も楽に、マイペースで過ごせます。

SPREAD 1 ワン・オラクル

KING OF CUPS.

カップのキング 正位置

どっしり構えていれば大丈夫

　どっしり構えておいてよい、あなた様らしくいれば大丈夫と、カードが強く伝え
てきています。「世界」も「カップのキング」も、どちらも余裕を表すカードです。
あなた様は周りのママより年上とのことですから、おそらく頼られやすい存在なの
でしょう。ですから、どっしりと構えて、自然体でいれば大丈夫。無理にコミュニ
ティーの輪に入る必要はありません。例えば、園行事などで同級生の保護者に会っ
たとき、ふつうに軽い会話をするだけで、だんだん顔見知りができてきます。その
流れで、自然な交流を作っていけばよいのです。ただ、それだけでは不安だという
ことでしたら、やはりあなた様の趣味や好きな世界で友だちを作ることをお勧めし
ます。ご自分が一番過ごしやすい状態でいれば、自然とよい環境ができていきます。

 **Answer**
あなた様らしさを忘れず、
趣味の世界の友だちがいれば大丈夫。

相談 3 仕事の上司と合わなくて……。 会社を辞めるべきでしょうか

あこがれの広告系の会社に入社して、やりがいを感じながら働き5年が経ちました。今年所属が変わり、今の直属の上司とどうしても反りが合いません。全く尊敬できないのですが、そのうち配属が変われば……とも思い、今すぐ転職すべきか、我慢すべきか迷っています。会社は大手企業なので、辞めるのはもったいないという気もしています。 (20代・女性)

SPREAD 1 ワン・オラクル

質問 ▶
今の状態をどう
考えればいいのでしょうか？

FIVE OF CUPS.

カップの5 正位置

すでに転職したい気持ちがあるようです

あなた様の心は、もう転職したいと思っているのではないでしょうか。転職すべきか続けるべきか悩んでいるということですが、カードからは、転職に気持ちが傾いているように見受けられます。大手企業なのでもったいないとか、配属先さえ変わればと思っているとはいえ、あなた様はほかの会社でも自分はやっていける、ほかの方法もあるという考えを、ご自分のなかですでに見つけているようです。実際、あなた様は会社を変わっても、すごく活躍できる方です。フリーランスとしても活躍できそうなので、会社に縛られなくてもよいと思いますよ。

追加の質問 ▶ 今の会社を転職すべきでしょうか、留まるべきでしょうか？

SPREAD 1 ワン・オラクル

ペンタクルのペイジ 逆位置

もしも転職をするなら準備をしてから

　今すぐどうこうというよりは、もし転職するならほかの会社や仕事関係につてを作るなどして、下準備を始めたほうがよいようです。それからどうするかを、時間をかけて考えてもよさそうです。これは転職を勧めているのではなく、もし会社を移る気があるなら、今の会社で働きながら準備を始めて、いざ辞めるとなったら後腐れなく移動できる状況を作っておいたほうがよいということです。

　転職すべきか、続けるべきかについては、あなた様ご自身が選ぶことですので、私は答えを出すことができません。今回の答えを聞いたうえで、ご自分にとってどちらがよいかをもう一度、考えてみてくださいね。

Answer

転職をするなら、
今の会社にいるうちに準備を万全に。

心身の健康を保つために
できることとは?

心と身体の健康バランスがうまく取れないことがあって、3年に一度くらいは大きくダウンしてしまうことがあります。心も身体もずっと元気でいつづけるには、どうしたらよいのでしょうか。私に合った方法を知りたいです。　（20代・女性）

SPREAD 2 ツー・オラクル

質問 ▶ まずは何をすればよいですか?

❶ 結果
節制 正位置

❷ アドバイス
ソードのペイジ 逆位置

気持ちを楽にして、考え方を少し変えてみませんか?

　あなた様は、ご自分にすごく厳しい方のようです。あなた様を否定しているわけではありませんが、カードからは心身のバランスが取れている方だと読み取れます。あなた様は普段からかなり心身を整えていますが、ご自分への厳しさから「もっと心も身体も元気でいないといけない」と強く思っていらっしゃるようです。3年に一度体調を崩すことも、とらえ方によっては、3年に一度しか体調不良ではないということ。考え方を変えるだけで随分違ってくるので、意識してみてくださいね。

追加の質問 ▶ 具体的な改善策は?

SPREAD 1　ワン・オラクル

ワンドの10 逆位置

何もかも背負わずに少し休んでみては?

　重荷やプレッシャーを抱えているのでしょうか?　もしかするとあなた様は責任のある立場の方なのかもしれませんね。だからこそご自分に厳しく、「ちゃんと行動しないと」「健康にも気をつけないと」と、気を回しすぎてメンタルに不調を感じるのかもしれません。そんなあなた様にとって大切なことは、ご自分が体調的に厳しいと感じたときには、一旦、立ち止まってみることです。

　例えば、自分のなかでここまではしなければと思っている仕事があったら、「そこまでしなくても、ちょっと休んでもいいんだ」と、少しの甘えを取り入れてみてください。それだけで心身の持ち様が変わってくるはずです。あなた様は普段からかなり努力をされている方なので、ある程度の方法はすでに試していることでしょう。それでもうまくいかないと感じていらっしゃるなら、まずはご自分を認めて、甘やかしてあげることが大切かもしれませんね。

Answer

苦しいときは立ち止まって小休止してみませんか。
自分を甘やかしてみましょうね。

住宅購入に向けて、前向きなアドバイスをください

夫婦で住宅購入を検討しています。できれば半年以内くらいに契約したいのですが、なかなか「これだ！」という決め手がなく、決められません。人生最大の買い物ですし、金額面のこともあるので、夫婦ともに慎重になってしまっています。大きな買い物をするときの決断について、教えてください。　（30代・女性）

SPREAD 2 ツー・オラクル

質問 ▶ よい物件と出会うには何を大事にすべき？

❶ 結果
ソードのエース 逆位置

❷ アドバイス
ソードの7 逆位置

自分の直感を信じて大丈夫！

あまり深く考えすぎないで、「これがいい！」と思ったものを選ぶとよいようです。ご自身の直感を信じてください、とカードが強く伝えています。逆にいえば、あなた様が一番、ピンとくるものが出てくるまでは、妥協しないほうがよいと思います。どうしてもこれだけは譲れないというこだわりは絶対に譲らないこと。それを大きな買い物をするときの決め手にしたらよいと思いますよ。

 Answer

自分の直感を信じて、ピンときたら決めてOK！

相談
6

ビジネスパートナーに
出会えるでしょうか？

昨年、コロナ禍で離職し、バイトをしながらブログ運営を始めました。ビジネス上で信じ合える方と出会いたいのですが、ひとりで抱え込む癖が取れません。これからビジネスパートナーに出会えるのか知りたいです。　　　　（40代・女性）

SPREAD 2 ツー・オラクル

質問 ▶ 今のままでビジネスパートナーに出会えますか？

ACE OF SWORDS.

❶ 結果
ソードのエース 正位置

KNIGHT OF WANDS.

❷ アドバイス
ワンドのナイト 正位置

 あなた様の努力、進め方は間違っていません

　結論からいうと、出会えます。あなた様はひとりで抱え込んでしまう、つまり心を開くことに時間がかかるので、パートナーに出会えないのではないかという不安があるようです。あなた様は今、ブログを開設してバイトもプラスするなど、非常に努力されています。その進め方は間違っていません。ご自分に必要なものを見極めているからこそ、必ずそのときはやって来ますからね。

 **Answer**

いずれ必ずビジネスパートナーに出会えます。

相談 **7**

芸人さんに本気の恋、
今後の展開が気になります

同棲している恋人がいますが、芸人さんを本気で好きになってしまいました。あるきっかけでふたりきりで会えて、その日は話をしただけで帰りました。その後そっけない対応が続きましたが、出演しているライブを見に行き、その日は彼の家に泊まることに……。覚悟しましたが、体の関係はなくハグしただけで帰りました。今は同棲している彼氏よりも、その芸人さんが気になります。今後の展開を知りたいです。 （20代・女性）

SPREAD 3 スリー・カード

❶ 過去・原因
ワンドのナイト
正位置

❷ 現在・結果
ワンドの9
逆位置

❸ 未来・アドバイス
愚者
逆位置

126

❶ この問題の原因 ワンドのナイト 正位置

「恋愛への意欲の高まり」という暗示があります。お相手もあなた様のことが好きだとわかります。

❷ この問題の結果 ワンドの9 逆位置

今、あなた様の目の前にはやらなければならないことがあるようです。現在の恋人の方との関係を見つめ直してはいかがでしょうか?

❸ 未来・アドバイス 愚者 逆位置

お相手はあなた様の思いに応えたいという気持ちがあり、いい加減な気持ちでつき合うつもりはないようです。

 真剣交際をしたいなら、目の前の課題を乗り越えて

　まず、お相手はあなた様のことが好きです。ただ、お相手はとても勘が鋭く、警戒心が強い面もあり、ファンの方にいい加減に手を出さない真面目な方でもあります。また、あなた様にほかの相手がいるのではないかとか、真剣に思われてないのではないかと、不安にも思っているようです。今後、この方と真剣交際を望むのであれば、これはあなた様自身が決めればよいことですが、現在の恋人の方との関係性を見直したほうが、お相手の方との関係は進展します。あなた様がどうしたいかという流れを決め、お相手の不安を完全解消すれば、関係は進みそうですよ。

Answer

恋人との関係を見直せば、状況が変化します。

Hint 大アルカナが出たら、強い意味ととらえて

　フルデッキを使用して占ったとき、大アルカナと小アルカナのカードがそれぞれ出ることがあります。そのときは、大アルカナのカードにより強い意味をもたせて解釈するようにします。大ア ルカナの出た箇所に、何らかのメッセージが込められている、と考えて、カードのもつ意味合いはもちろん、小アルカナに描かれているシンボルとの共通点も踏まえましょう。

オンライン英会話の先生に 片思い。思いを告げてもよい?

オンライン英会話の先生(日本人・男性・独身)に、片思いしています。レッスンは1対1の個人レッスンで、出会って半年ほどになりますが、直接会ったことはありません。けれども、レッスンするたびに好きになっていきます。彼と両思いになりたいけれど、告白したら引かれそうで怖いです。どうすれば両思いになれるのでしょうか。 (40代・女性)

SPREAD 3 スリー・カード

❶ 過去・原因
世界
逆位置

❷ 現在・結果
ソードのキング
逆位置

❸ 未来・アドバイス
ワンドの9
逆位置

❶ この問題の原因 世界 〔逆位置〕

おふたりの世界感がまだできあがっていないことを暗示。これからもっと関係を深めることができると読み取れます。

❷ この問題の結果 ソードのキング 〔逆位置〕

現在はまだ関係が進んでいません。告白をするには早いのかも。オンライン以外でのやりとりを増やすなど、できることがありそうです。

❸ 未来・アドバイス ワンドの9 〔逆位置〕

しっかりと準備をしてから進めるとよい、と出ています。1対1で直接会うなど、お互いのことをよく知ってから告白するほうがよいでしょう。

  おふたりの世界を作ってから、行動に出てみては

あなた様とお相手は、今、関係を構築しているところです。今の関係はよい流れではあるのですが、お互いのことをまだあまり知らないという状態。関係をもっと密に深めてから進めたほうが、よりスムーズにいくのではないかとカードが伝えています。授業以外のことでメールをしてみたり、直接会う機会を作ってみたりするなど、段階を踏んでから告白をするほうが、よりうまくいくようです。あなた様とお相手の世界はもう少しで完成する、と出ています。お相手はあなた様のことをもっと知りたいと思っているところ。行動するかしないかはあなた様が決めて大丈夫。よかったら参考にしてみてくださいね。

Answer

直接会うなどの段階を踏んでから、告白してみては。

年齢イコール彼氏いない歴の私。今後、出会いはありますか？

今まで誰ともおつき合いしたことがありません。しかし90歳の祖父のためにも、自分のためにも、結婚して家庭を築きたいと思うようになりました。アプリに登録したり、友だちに紹介してもらったり……と出会いの機会を増やしたりしていますが、いまだに結婚はおろか、彼氏すらできません。今後、出会いはあるのでしょうか？　結婚はできますか？　アドバイスよろしくお願いいたします。

（30代・女性）

SPREAD 3 スリー・カード

❶ 過去・原因

ソードの7

正位置

❷ 現在・結果

ペンタクルの6

正位置

❸ 未来・アドバイス

ワンドの8

正位置

❶ この問題の原因　ソードの7　正位置

あなた様が出会いを増やすためにいろいろと策を練り、努力をしてきたことがわかります。そのやり方は間違ってはいません。

❷ この問題の結果　ペンタクルの6　正位置

結婚したい気持ち、努力に成果が出そうな暗示。工夫をすれば、その分、必ずよい結果が生まれそうです。

❸ 未来・アドバイス　ワンドの8　正位置

急展開を示すカードです。近日中に出会いがありそうです。出会いは必ずありますので心配しないでください。

 急展開の暗示あり、できることから行動してみてくださいね

　結婚できるかできないかでいうと、必ずできます！　3枚目に「ワンドの8」が出たので、近日中に突然の出会いがありそうです。これまでも出会いのためにマッチングアプリに登録するなどの行動をされているようですが、早く結婚したいのであれば、結婚相談所など本腰でサポートしてくれるサービスを探してみるのがよさそうです。オプションで恋愛に奥手だからお相手とのやりとりに不安だ、といった相談に乗ってくれるようなところで、アドバイスしてくれる人やサービスに頼るのもよさそうですよ。もしくは、サークルや趣味を始めてみても、そちらでの出会いも見込めます。どちらかではなく、結婚相談所と趣味、両方を始めてみて、ひとつひとつできることをやっていくと、いい流れがつかめそうです。ご参考にしてみてくださいね。

 Answer

結婚相談所と趣味、同時進行で行動してみては。

どちらとつき合うかで
悩んでいます

気になる男性がふたりいます。Aさんは元ラガーマンで趣味のランニングサークルで出会った5歳年上の方です。サークルを取り仕切って、頼りになります。Bさんは仕事先で出会った同い年の方で、優しくていつも癒されます。それぞれと食事に行ったり、休日に遊んだりする仲で、ふたりからアプローチを受けています。この先、どちらとつき合うかで悩んでいます。　　　　　（20代・女性）

SPREAD 4 二者択一

A：スポーツマンの
　　Aさん

B：癒してくれるBさん

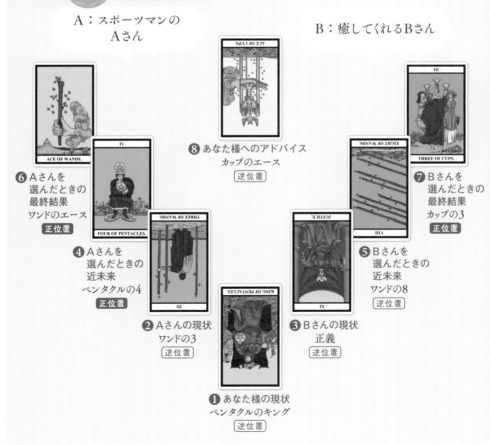

❽ あなた様へのアドバイス
カップのエース
逆位置

❻ Aさんを
選んだときの
最終結果
ワンドのエース
正位置

❼ Bさんを
選んだときの
最終結果
カップの3
正位置

❹ Aさんを
選んだときの
近未来
ペンタクルの4
正位置

❺ Bさんを
選んだときの
近未来
ワンドの8
逆位置

❷ Aさんの現状
ワンドの3
逆位置

❸ Bさんの現状
正義
逆位置

❶ あなた様の現状
ペンタクルのキング
逆位置

❶ あなた様の現状　ペンタクルのキング [逆位置]

生活や金銭的なこと、物質的に困っていませんか？

❷ Aさんの現状
ワンドの3 [逆位置]

先が読めない不安定さが気になります。

❸ Bさんの現状
正義 [逆位置]

はっきりと区切りがつかない模様。

❹ Aさんを選んだときの近未来
ペンタクルの4 [正位置]

関係が深まり、接し方がわかるように。

❺ Bさんを選んだときの近未来
ワンドの8 [逆位置]

バランスがよく、心地よい関係。

❻ Aさんを選んだときの最終結果
ワンドのエース [正位置]

行動的で、情熱的に進みます。

❼ Bさんを選んだときの最終結果
カップの3 [正位置]

ノンストレスで楽しい関係に！

❽ あなた様へのアドバイス　カップのエース [逆位置]

状況が変わらないかな、と思いつめてはいませんか？

ご自分のお気持ちに素直になることが大切

　気になっている方がふたりいる、とのことですが、アグレッシブな方でもノンストレスな方でも、どちらの方でもあなた様はよい関係性を築いていけます。どちらの方といるほうがより安心できるのか、より楽しく恋愛ができるのか、あなた様の正直なお気持ちを大切に考えてみてはいかがでしょうか？　あなた様が今、一番会いたいのは、どちらの方ですか？　頭のなかに最初に浮かんだその方が、世間体や常識などすべて抜きにしたうえで、あなた様が最もそばにいたいと思っている方です。思いつめる必要はありません。大丈夫。絶対にうまくいきますからね。

 **Answer**

思いつめずに、今、会いたい人を選んでみては。

21歳年下の男性に片思い中。今後の進展はある？

私は40代で、子持ちのシングルマザーです。21歳差の年下男性に片思い中です。なかなか進展しない状況でどうすればいいのかわからず悶々とした日々を過ごしています。今後の進展があるかを教えてください。 （40代・女性）

SPREAD 5　ヘキサグラム

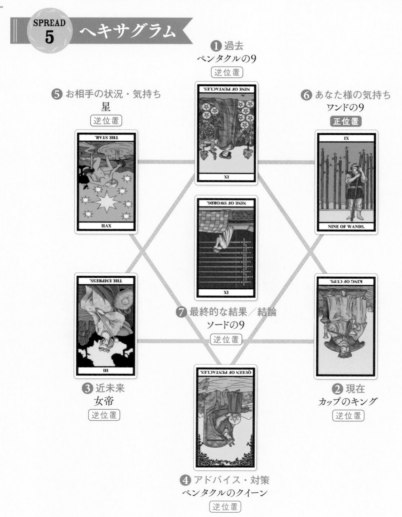

❶ 過去
ペンタクルの9
逆位置

❺ お相手の状況・気持ち
星
逆位置

❻ あなた様の気持ち
ワンドの9
正位置

❼ 最終的な結果／結論
ソードの9
逆位置

❸ 近未来
女帝
逆位置

❹ アドバイス・対策
ペンタクルのクイーン
逆位置

❷ 現在
カップのキング
逆位置

❶ 過去 逆位置
ペンタクルの9

お相手は、あなた様のことを自分にはもったいない、自分は相手にされない、と思い込んでいるようです。

❷ 現在 逆位置
カップのキング

あなた様はお相手をサポートしてあげたい気持ちがあるけれど、自信がなくて踏み出せないのでは？

❸ 近未来
女帝 逆位置

ちょっとくらいお相手にわがままになってもいい、気をつかいすぎないで、というメッセージが出ています。

❹ アドバイス・対策
ペンタクルのクイーン 逆位置

あなた様は余裕がある方ですが、年の差を気にして、本来の自分を出せていない部分があるようです。

❺ お相手の状況・気持ち
星 逆位置

本当はもっと仲よくなれたらいいのに、と思っているのに、きっと無理だと思い込んでいることがわかります。

❻ あなた様の気持ち
ワンドの9 正位置

年上だから相手にされないんだろうと思っていることがわかります。

❼ 最終的な結果／結論
ソードの9 逆位置

もうすぐあなた様の悩みが晴れる、という暗示が出ています。

年の差は気にせず、あなた様らしさを発揮してみては

　カード全体から、おふたりともが本当はもっと仲よくなりたいのに、年の差のことを気にしてもう一歩を踏み出せない状況がわかります。あなた様は、本来はもっと余裕がある方で、お相手に尽くしたいタイプのようですが、年の差という課題がそういった行動を押さえてしまっているようです。お相手も、自分は子どものように受け止められているだろうな、と思い込んでしまっています。あなた様は、年上だからピシッとしていないと、と思っているのだとしたら、好きなのであれば年の差は関係なく、ときには甘えたり、少しわがままになってみたり、かわいらしい一面を出したりするのもよさそう。本来のあなた様らしさを出すことができれば、関係も変わってくるかもしれません。参考にしてみてくださいね。

 Answer

彼の前で、かわいらしい一面を出してみてもよさそう。

両親の影響でネガティブ。
恋愛にも躊躇してしまいます

幼い頃から両親の仲が悪く、そのためか友だちからお相手を紹介してもらってもつき合うことに躊躇してしまいます。好きという感情もわからなくなってしまいました。こんな自分でも、いつか恋愛できるのか知りたいです。また、ネガティブな性格をポジティブにするにはどうしたらいいかも教えていただけますか。

（20代・女性）

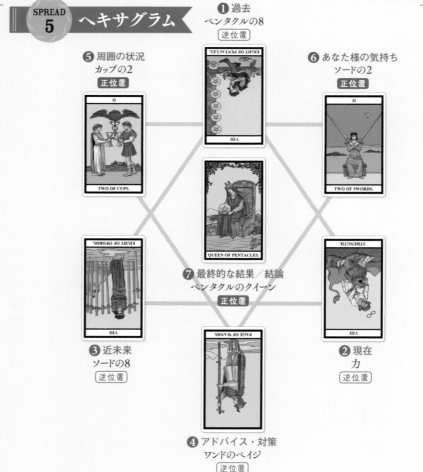

SPREAD 5　ヘキサグラム

❶ 過去
ペンタクルの8
逆位置

❺ 周囲の状況
カップの2
正位置

❻ あなた様の気持ち
ソードの2
正位置

❼ 最終的な結果／結論
ペンタクルのクイーン
正位置

❸ 近未来
ソードの8
逆位置

❷ 現在
力
逆位置

❹ アドバイス・対策
ワンドのペイジ
逆位置

❶ 過去 逆位置
ペンタクルの8

本当は夢中になりたいと思ったことがあったのに、なれなかった状況であったことがわかります。

❷ 現在
力 逆位置

今も家庭に振り回されていて、自分の思うような人生を歩めていないという気持ちがありませんか？

❸ 近未来
ソードの8 逆位置

縛られた環境から脱出でき、自由になれそうです。家庭環境の変化があるかもしれません。

❹ アドバイス・対策
ワンドのペイジ 逆位置

変わることを不安に思っているようですが、怖がらなくて大丈夫です。

❺ 周囲の状況
カップの2 正位置

いつだって恋愛できる状況、環境は整っている、とカードは示しています。

❻ あなた様の気持ち
ソードの2 正位置

自分はこれからも恋愛に苦労するのかな、と思ってしまっているようです。

❼ 最終的な結果／結論
ペンタクルのクイーン 正位置

そのままのあなた様で大丈夫、うまくいきます、という暗示が出ています。

 無理に変わらなくても大丈夫、恋愛もできます

　最終結果の「ペンタクルのクイーン」から説明すると、「あなた様は変わらなくてもいい」とカードがいっています。これはネガティブな自分の性質をもったまま、周りの環境が変わっていくことを暗示しています。マイナス思考になりやすいからこそ、よくない部分に気づくことができ、それを改善していける。そんなあなた様の性質はそのままでよいのです。慎重に周囲を見たり、先をしっかり考えたりできる方なので、人を見極める目があり、誠実な方と恋愛できる可能性が高いです。また、これから先、縛られた環境下から脱出できるという暗示もあります。自信がない、怖い部分もあると思いますが、ネガティブだからこそよい結果が得られたことを、小さなことから見つけてみてください。例えば「雨が降りそうと思ったけど、傘を持っていたおかげで濡れずにすんだ」といった出来事の意味探しをすることで、「ネガティブだっていいんだ」と思うことを積み重ねていったり……。そうすることで、「ポジティブになりたい」という今の気持ちにも、結果的に近づいていけますよ。

**Answer**

ネガティブのなかのよいことを見つけてみてください。

友だちとして仲よくしている
同性と次の段階に進めますか？

私の好きな人は同性です。相手は同性同士の出会いの場で知り合いました。現状は友だちとして仲よくしていますが、できればおつき合いしていきたいなと思っています。お相手がどう思っているのか、今後どう行動すればよいのかアドバイスがほしいです。自分がどう思われているかも気になります。　　　　　（20代）

SPREAD 5　ヘキサグラム

❶ 過去
法王
正位置

❺ お相手の状況・気持ち
運命の輪
正位置

❻ あなた様の気持ち
ペンタクルの9
逆位置

❼ 最終的な結果／結論
カップの8
逆位置

❸ 近未来
ペンタクルの4
正位置

❷ 現在
ワンドのエース
正位置

❹ アドバイス・対策
ワンドの10
逆位置

① 過去
法王 正位置

お相手は誠実な方で、段階を飛ばすことはしないタイプの方です。体だけの関係はありえません。

② 現在
ワンドのエース 正位置

お相手は、あなた様のことが大好きで、恋愛対象として見ているでしょう。自信を持ってOKですよ。

③ 近未来
ペンタクルの4 正位置

3か月くらい先に、依存しあう関係になりそうな暗示。べったりと密な関係を築くことになるかも。

④ アドバイス・対策
ワンドの10 逆位置

「重荷を手放してみては？」というメッセージ。告白しなきゃ、行動しなきゃと思わなくてOKです。

⑤ お相手の状況・気持ち
運命の輪 正位置

お相手にタイミングがもう来ています。近々、おふたりの間で何かしらの進展がありそうな暗示です。

⑥ あなた様の気持ち
ペンタクルの9 逆位置

「友だちとしてしか見られてないのかな」と自信がない様子。望みがないと思っていませんか？

⑦ 最終的な結果／結論
カップの8 逆位置

お相手の素敵なところを再確認できそう。あなた様のなかにある不安が、解消されそうな暗示です。

 お相手から動いて、恋愛関係に発展するでしょう

　カード全体から、とてもよい結果が出ました。友だちとして普通に仲よくしていれば、自然に恋愛関係に進む暗示です。「私が動かなきゃ」とか「アピールしなきゃ」と思うことはありませんからね。お相手はどうやらあなた様のことが、すでに大好きな様子。タイミングをみてお相手のほうから動き出すでしょう。3か月後くらいにべったり仲よく、ラブラブな関係になっていそうですよ。自分は無理だろうとか、友だちとしか見られてないと思い込むのはもったいないので、お相手との今の時間を楽しんだり、友だちとしてのふたりの時間を大切にしていくとよいのではないでしょうか。おふたりともこだわりが強そうなので、ゲームやドラマなど、おふたりだけの共通の趣味を見つけるのもおすすめです。

 Answer

今の時間を大切にして、そのときを待っていて。

けんか別れした恋人と
また連絡できるようになる？

大好きだった恋人を失望させてしまい、全く連絡が取れなくなってしまいました。
最後にけんか別れのような形になってしまったので、「失望した」という言葉は聞
いたものの、なぜ恋人が離れてしまったのか、本当の理由を今もよくわからずに
います。恋人の本音が知りたいです。また、今後の人生において仲直りしたり、
連絡を取り合ったりする機会は得られるでしょうか。　　　　　（30代・女性）

SPREAD 6 ケルト十字

❸ お相手の顕在意識
月
逆位置

❿ 最終結果
ワンドの10
正位置

❷ 障害／対策
ペンタクルの4
逆位置

❶ お相手の現在の状況
ソードの5
逆位置

❾ お相手の願望
力
逆位置

❺ 過去
カップの9
正位置

❻ 近い未来
運命の輪
正位置

❽ お相手の状況
ワンドの7
正位置

❼ あなた様の立場
カップのペイジ
逆位置

❹ お相手の潜在意識
ペンタクルのナイト
逆位置

❶ お相手の現在の状況
ソードの5 逆位置

お相手はあなた様に言いすぎた、傲慢だったという気持ちがあり反省しているよう。

❷ 障害／対策
ペンタクルの4 逆位置

お相手は意地を張っていて、自分はもう受け入れてもらえないだろうなと思っています。

❸ お相手の顕在意識
月 逆位置

お相手は、あなた様との関係を再構築しようと心に決め、行動しようとしています。

逆位置
❹ お相手の潜在意識
ペンタクルのナイト

本音では、自分から謝りにいかないといけないとは思っているようです。

❺ 過去
カップの9 正位置

あなた様との将来を本気で考えていたので、今の状況を辛く感じているようです。

❻ 近い未来
運命の輪 正位置

近日中に、お相手から連絡がありそうです。かなり近いと考えてよいです。

❼ あなた様の立場
カップのペイジ 逆位置

あなた様の根底にある無邪気な部分が、このことをきっかけに閉ざされています。

❽ お相手の状況
ワンドの7 正位置

お相手は、周囲の情報からも自分が悪かったことがよくわかっています。

❾ お相手の願望
力 逆位置

安定した、穏やかな関係を築いていきたい、とお相手は思っています。

❿ 最終結果
ワンドの10 正位置

重荷やプレッシャーの整理中ですが、いずれ連絡がきます。

お相手は今とても反省しているようです

　お相手はひどいことを言ってしまったと反省しているようです。しかし、お相手は意地を張っている面もあり、強気で言い放ってしまった手前、今さら折れることができないなとも思っているようです。ただ、あなた様とは真剣な将来を考えていました。安定した関係、つまり結婚を考えています。今もそれは変わりません。本音では謝りたいと思っています。近日中にお相手のほうから連絡があるはずです。それらを踏まえて、あなた様がどうしたいのか考えてみてくださいね。

**Answer**

お相手から和解の連絡が来るでしょう。

相談 **15**

電車で出会った片思いの人が どう思っているか知りたい

通勤時の電車で出会った方を好きになりました。ここまで心から誰かを好きになって、自分から行動を起こしたのは初めてなのでどうしても成功させたいです。自分からアプローチして、最初は「うまくいきそう」と思っていました。しかし、最近はお相手からSNSの返信があまりなく、何を考えているのかわからなくなり不安です。お相手は私のことをどう思っているのでしょうか。　（20代・女性）

SPREAD **6**　ケルト十字

❸ お相手の顕在意識
ソードの5
逆位置

❿ 最終結果
ペンタクルの4
正位置

❷ 障害／対策
ペンタクルのナイト
正位置

❶ お相手の現在の状況
カップのキング
正位置

❾ お相手の願望
カップの9
正位置

❺ 過去
ソードのクイーン
正位置

❻ 近い未来
太陽
正位置

❽ お相手の状況
月
正位置

❹ お相手の潜在意識
ペンタクルの3
正位置

❼ あなた様の立場
運命の輪
正位置

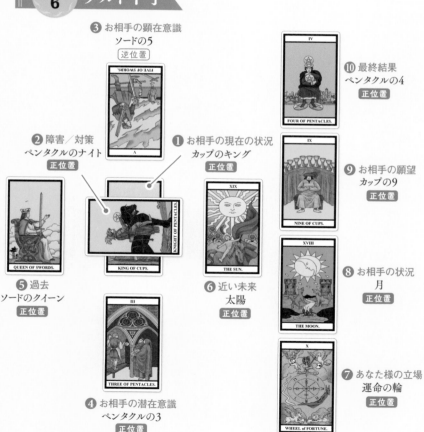

❶ お相手の現在の状況
カップのキング 正位置

お相手はあなた様のことをとても好きだと思っているようです。

❷ 障害／対策 正位置
ペンタクルのナイト

自分の気持ちを素直に伝えたいけれど、それができない状況のようです。

❸ お相手の顕在意識
ソードの5 逆位置

お相手は、「なんとか円滑に関係を進められないか」と悩んでいます。

❹ お相手の潜在意識
ペンタクルの3 正位置

本当はあなた様と協力して、この関係を進展させたいと思っています。

❺ 過去 正位置
ソードのクイーン

お相手は頭脳を使って進めなきゃと思い込んでいて、よくわからない態度。

❻ 近い未来
太陽 正位置

お相手は、3か月以内には素直になって愛情を伝えてくれそうです。

❼ あなた様の立場
運命の輪 正位置

あなた様の悩みは遠くない将来に晴れる時期が来そうな暗示です。

❽ お相手の状況
月 正位置

あなた様へ気持ちが伝えられないナイーブな状況のようです。

❾ お相手の願望
カップの9 正位置

お相手はあなた様に積極的に好意を伝えたいと思って、将来も考えています。

❿ 最終結果
ペンタクルの4 正位置

思いを素直に伝えたり、独占欲がある一面を見せてくれそう。

 お相手からアプローチがあるので、待っていてOK！

　結果から伝えると、お相手はすでにあなた様のことが好きで、どう恋愛を進めたらよいか悩んでいる状況のようです。恋愛下手で、だけどそれがあなた様にバレると格好悪いと思って、そのジレンマでよくわからない態度をとってしまっている暗示が出ています。ですが、3か月以内にはお相手が素直になって愛情を伝えてくれますので、あなた様から行動を起こす必要はありません。今は煮え切らない態度ですが、つき合うようになると、お相手は嫉妬深い一面があり、不安な気持ちを正直に言ってくるようになります。それを受け止めて、本音で関係を深めていけばよいと思います。どんな交際をしたいか、あなた様もよく考えてみてくださいね。

 Answer

お互いに本音で語り、よい関係を深めていって。

既婚者同士の恋、彼の気持ちはいったい？

同じ社内で、お互い既婚者同士・子持ちですが密かなおつき合いが今年から始まりました。以前は別のお店で働いていましたが、たまたま今は同じ職場になり毎日顔を合わせています。が、ここ1か月ほど彼の態度が素っ気なく感じたり、ほかのスタッフと私に対する態度が違ったりで、彼の気持ちがわからなくなりました。彼の本当の気持ちと、今後について占ってください。 （40代・女性）

SPREAD 6 ケルト十字

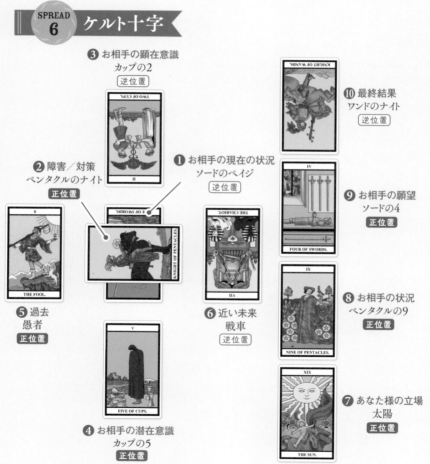

❸ お相手の顕在意識
カップの2
逆位置

❿ 最終結果
ワンドのナイト
逆位置

❷ 障害／対策
ペンタクルのナイト
正位置

❶ お相手の現在の状況
ソードのペイジ
逆位置

❾ お相手の願望
ソードの4
正位置

❺ 過去
愚者
正位置

❻ 近い未来
戦車
逆位置

❽ お相手の状況
ペンタクルの9
正位置

❹ お相手の潜在意識
カップの5
正位置

❼ あなた様の立場
太陽
正位置

❶ お相手の現在の状況
ソードのペイジ 逆位置

お相手はあなた様とのつき合い方がよくわからなくなっているよう。

❷ 障害／対策 正位置
ペンタクルのナイト

あなた様に伝えたい思いがあるのだけど言えてないようです。

❸ お相手の顕在意識
カップの2 逆位置

あなた様と意思疎通ができていない、本音で話し合えてないと思っています。

❹ お相手の潜在意識
カップの5 正位置

自分は嫌われてしまっている、脈がなくなってしまったと思い込んでいます。

❺ 過去
愚者 正位置

ただ好きなだけで、将来のことは考えてなかったようですが、今は違います。

❻ 近い未来
戦車 逆位置

少々暴走してきそうな暗示です。急にアプローチしてくるかも。

❼ あなた様の立場
太陽 正位置

あなた様がお相手の素直な部分が大好きなことが現れています。

❽ お相手の状況
ペンタクルの9 正位置

「自分はこうでなければいけない」と、周囲からの印象を気にしているようです。

❾ お相手の願望
ソードの4 正位置

素直な気持ちを言ってはいけないと思い込んでいます。本心ではありません。

❿ 最終結果
ワンドのナイト 逆位置

お相手は周りを見ずに、どんどんアプローチしてきそうです。

 本音では、あなた様を求めていることがわかります

あなた様はお相手のことがとてもお好きなのですね。お相手も冷めたわけではありません。本心ではあなた様に伝えたい思いがあるのに、言えずにいる状況に陥っている暗示です。今後この関係をどうしていくのかを本音で話し合えてないことを、お相手は気にしているようです。本当の自分を理解してくれているあなた様を必要としていますが、「どうせ本命じゃないんでしょ？」と思い込んでいるよう。寂しがっていて嫌われたかな、とも思っていそう。本心ではあなた様を求めているので、今後は周囲を気にせずにどんどんアプローチしてきます。いずれ動いてきたときに、あなた様はお相手の出方に合わせてみてはいかがでしょうか。

 Answer
お相手から熱くアプローチされます。

タロットの絵柄が もつ意味とは？

タロットには、共通で出てくる絵柄があります。
その意味についてあんずまろんに聞きました。

タロットに登場する
絵柄には
すべて意味があります

タロットカードには人物のほか、背景に建物や動物、植物やマークなどが描かれています。それらの絵柄にはすべて、何らかの意味が込められています。カードに描かれたモチーフから意味を見つけ、共通点を探っていくことで、あなた様の解釈が広がっていきますよ。

馬

KNIGHT OF CUPS.

KNIGHT OF WANDS.

カップのナイト

ワンドのナイト

馬の様子に注目。疾走している馬は急展開を示します。馬の足さばきをよく見てみましょう。

犬

0

THE FOOL.

X

TEN OF PENTACLES.

愚者

ペンタクルの10

友だちや仲間、助言者を示し、周囲によきアドバイザーがいることを意味しています。

146

ライオン

力

王者、リーダー、頼りになる人を
表しています。堂々としていて行
動力があります。

鳥

カップのエース　　ペンタクルの9

鳥はその種類によって意味が違
い、白鳩は平和の使い。猛禽
類は権力や支配の象徴です。

植物も意味はいろいろ！

バラ

ペンタクルの
クイーン

愛、愛情、親愛
を表します。

ヒマワリ

太陽

ワンドの
クイーン

生命力、明るさを
示します。

ユリ

カップの6

純潔と平和を象徴
しています。

\\ 教えて！　あんずまろん！ //

ほかの方を占うとき

お友だちやご家族の悩みをいっしょに読み解くこともあるでしょう。
そのときの心がけや注意点について、あんずまろんが答えます。

カードの上下は
決めてもらいましょう

　私の場合はシャッフルやカットは私が行い、カードの天地だけ相談者の方に決めてもらっています。正解はないので、好きな方法を、ご自身で決めればOKです。シャッフル＆カットや山を作るのも相談者の方が行ってもよいと思います。向かい合って座っているときは、カードは自分が見やすい方向で並べ、説明するときに、相談者の方が見やすいようにひっくり返しながら見せてあげるとよいと思いますよ。

普段のコミュニケーションと
同様に

　相談者の方にはポジティブなメッセージを伝えなければ、と負担に思う方もいるかもしれませんが、気負わないでOKです。カードからのメッセージを解釈し、表現を変えればよいだけです。伝えにくい結果が出たとしたら「アンタ終わりよ！」と言うのではなく、「今の状況はあまりよくないかもしれないけれど、〇〇すれば変わるから」といったように、言い方を変えて伝えれば大丈夫ですからね。

お相手を思いやって
素直さを大切に

　誰かの気持ちをタロットに聞くのは緊張しますよね。信頼できるお相手と、「それじゃあ、いっしょにカードに聞いてみよう」という姿勢でいれば大丈夫です。また、リーディングにまだ自信がないなら、素直に「勉強中だから、自信がないけどがんばって占ってみるね」と伝えてみてはいかがでしょうか。会話をしながら、お相手を思いやって、嘘いつわりなく事実をどう伝えるか、を考えてみてくださいね。

占う方のコンディションが
反映されます

　お友だちや相談者の方の悩みに関するリーディングですが、インスピレーションや直感は、占うご本人のものが使われます。ご自身の占いをするときと同様に、心身のコンディションが悪いときや、周囲の状況が乱れているときは、お休みしてください。タロット占いは、占う方のコンディションがその結果に大きく反映されます。そのときの「占いたい」というお気持ちを大切にしてくださいね。

Part
4

オラクルカードで
インスピレーション！

シンプルで、ポジティブなメッセージを
もらえるオラクルカード。
オラクルカードの基本と楽しみ方をお伝えします。
リーディング例は著者のあんずまろんによるものです。

オラクルカードを楽しもう

タロットカードとは全くの別物ながら、神秘のメッセージを
受け取れるというオラクルカードについて紹介します。

自由にリーディングを楽しめる
さまざまなテーマをもつバラエティー豊かなカード

オラクル（Oracle）とは「神の言葉」が語源。
オラクルカードは問いかければ何らかのお告
げを得ることができるとされる、神秘のカード
です。バラエティー豊かな絵柄、形、サイズ
のオラクルカードがあり、さまざまなカードが
市販されています。それぞれの世界観をもつ
オラクルカードからは、豊富なメッセージが発
信されています。自分との対話や悩みの解決、
気持ちを落ち着かせたいときなどに自由に使え
るのがポイント。オラクルカードはタロットよ
りもシンプルで、わかりやすいことがほとんど
です。気軽に試してみましょう。

あなたの〝感覚〟を研ぎ澄まして

インスピレーションも高まる神秘のカード

オラクルカードには共通のルールや占い方はなく、特別な知識も必要ありませ
ん。そのとき引いたカードに描かれている絵、キーワードからメッセージを読み取っ
ていくのが基本です。大切なのは占う人の「感覚」。カードを見たときのひらめき
や、湧き上がった気持ちから、メッセージを受け取りましょう。感受性やインスピ
レーションが高まります。

こんなときこそオラクルカードを

すべてが自由なオラクルカード、こんなときにぜひ。

選択を迷ったとき

決めづらい選択肢に迷ってしまったときに「Aを選ぶとどうなりますか?」「Bを選ぶことで何を得られるでしょうか」と、カードに問いかけながらカードを引くことで、的確なメッセージを受け取ることができます。人生のシリアスな選択はもちろん、「着る服の色選び」といった日常の小さな悩みでもOKです。

次の一歩が
わからないとき

恋愛や仕事のことで悩んだとき、壁を感じたときなど、どう行動すればよいのか、次の手がわからないこともあります。そんなときにカードに問いかけると「こうしたらいいんじゃない?」と、行動の指針を教えてくれます。「今は何もしなくていい」というメッセージのときも。気持ちがストンと落ち着くはずです。

ポジティブな
言葉を聞きたいとき

ほとんどのオラクルカードは美しく、神秘的な絵柄のものが多いので、見ているだけでも心が穏やかになります。メッセージは前向きで、ポジティブなものばかり。「優しい言葉を聞きたい」というときや、寄り添ってもらいたいときはオラクルカードがぴったりです。見えない不思議な存在からの温かい言葉にホッとできるでしょう。

背中を押してほしいとき

自分ではこうしようと決めているのにもう一歩を踏み出せないとき、新しいことを始めたいけれど怖い……そんなときに、勇気や自信を与えてくれるのも、オラクルカードの魅力です。大切なイベントのときや、うまくいくかわからない、といったシーンで、成功に導く的確なアドバイスをきっと与えてくれます。

お気に入りの オラクルカードに出会おう

たくさんの種類があるオラクルカードのなかから、
あんずまろんおすすめのカードを8種類、ご紹介します。

フィーリングが合うカードとの出会いを大切に

オラクルカードの種類は多種多様です。絵柄を見たときにピンと来るものがあれば、それがフィーリングの合うカード。そのカードには、必要としているメッセージが秘められているはずです。オラクルカードは書店のほか、ネット通販でも購入できるので、相性のよいカードを探してみてくださいね。

Vivid aura Birth Card Oracle card
ビビッドオーラバースカード

その人に秘められた鮮烈なエネルギーを内側から呼び覚ますために作られたオラクルカード。カードと触れ合うことで強いエネルギーが湧き、人生をもっと豊かに、幸せにするメッセージを与えてくれます。その日の直感で得た1枚を、守護カードとして持ち歩くのもおすすめです。／Ⓐ

監修／ DR. padma

Reaching Happiness Oraclecards
リーチングハッピネスオラクルカード

優しく、愛で包み込む言葉だけで作られたオラクルカード。教訓や戒めのメッセージはありません。いつも温かく幸せを願うメッセージを伝えてくれます。抱えている問題や悩みへの、最短の解決方法を示し、まだ気づいていない可能性や才能も教えてくれます。／Ⓐ

The PSYCHIC TAROT for the HEART ORACLE DECK
サイキックタロット・ハートオラクルカード

あらゆる人間関係を、愛に満ちた視点から深く追求するためのオラクルカードです。恋愛、仕事、人間関係など、あらゆる領域についてポジティブに物事をとらえて、最善の結果を得られるメッセージを伝えてくれます。数字も書かれているので数秘術の観点でもリーディングできます。／Ⓑ

著者／ジョン・ホランド

※問い合わせ先は巻末の奥付に掲載しています。

The Spirit Animal Oracle
スピリットアニマルオラクル

　動物や昆虫、魚、鳥といった自然界の生き物たちをモチーフにしたオラクルカードです。さまざまな生き物の本質的な意味を表しており、日常生活に対して、実質的で力強いメッセージを伝えてくれます。生き物たちの本質をもとに、リーディングするのがポイントです。／Ⓑ

著者／コレット・バロン＝リード

Blythe Lucky Card
ブライスラッキーカード

　おしゃれでキュートなブライス人形が、ラッキーになれるヒントをくれるカード。一日の始まりや、ふとしたとき、がんばりたいときなどにカードを引くことで、ラッキーになれるメッセージをブライスが送ってくれます。おしゃれなブライスを見ているだけでもハッピーになれそう！／Ⓒ

WISDOM of the ORACLE
ウィズダムオラクルカード

　聖なる存在とつながり、人生のあらゆる局面でさまざまなサポートをしてくれるオラクルカードです。人生について深い対話ができ、過去を学び、現在の状況、今後の方向性について知ることができます。解説書は情報量が多く、イメージを堪能できるつくりになっています。／Ⓑ

著者／コレット・バロン＝リード

ENERGY ORACLE CARDS
エナジーオラクルカード

　私たちヒトが自ら発し、周りを取り巻いているエネルギーを読み解くことで、自分らしい人生を歩むことをサポートするために生まれたカードです。自らが本当に望む道を選ぶヒントを得られます。このカードは使えば使うほど、目には見えないエネルギーを感じやすくなります。／Ⓑ

著者／サンドラ・アン・テイラー

NICOLETTA CECCOLI Oracle
ニコレッタ・チェッコリ・オラクル

　かわいいだけでなく、ちょっと不気味でアンニュイな雰囲気も漂うオラクルカード。どこかさみしげにこちらを見つめる少女が、日常の甘さと苦さ、両方の大切なメッセージを教えてくれます。元気が欲しいとき、奮い立つためにもアドバイスをくれるので、助けが欲しい日に1枚引くのがおすすめ。／Ⓓ

著者／ルナエア・ウェザーストーン
イラスト／ニコレッタ・チェッコリ　Ⓒニチユー

155

オラクルカードでリーディング

オラクルカードには決まりはないので、すべてが自由。
ここでは著者の方法をご紹介します。

オラクルカードは1枚引きが基本

　オラクルカードには決まったスプレッドはなく、占い方は自由です。1枚引きが基本で、一問一答でカードとの対話を深めましょう。最初は、解説書をもとにカードの意味を確かめますが、直感がすべてです。そのカードから受けたイメージを大切にし、カードに書かれた絵や言葉をじっくりと眺めて連想を深め、リーディングを広げていきましょう。

　カードは何回引いてもOKです。1枚引いてみて、もっと知りたいときは、もう一度質問しながら1枚引きます。占う人が納得できる方法で、カードと仲よくなるのが一番です。

 カードを選び、質問を決める

　その日、そのときの気持ちに従って、今のフィーリングが合うカードを選びます。そのうえで、質問を決めましょう。今の課題や問題の本質は何なのかを見極め、自分と対話しながら一問一答で質問を決めます。心を整えて、リラックスしながら心の中でカードに質問します。集中できるなら、口に出して唱えてもよいでしょう。

② カードの背を2回たたく

カードの山を手にしたら、カードの背を2回、ノックするように「コン、コン」と叩きます。このルーティンワークで、カードと心を通じ合わせ、不思議な力とのつながりを深めます。この方法は、それぞれがやりやすい、納得できる好きな方法を見つければよいと思います。

knock!

③ シャッフルする

トランプを切るのと同じように、カードをシャッフルします。回数に決まりはありませんが、よく混ざったと思うところまで何度も混ぜましょう。

④ ジャンピングカードが今回のメッセージ

ほとんどの場合、シャッフルの途中でカードが1枚飛び出してくるはずです。そのカードが今回の答えを示したカードとなります。拾い上げて、リーディングしましょう。この1枚はジャンピングカードと呼ばれ、重要なメッセージを秘めています。同じカードばかりが出る場合は、強くそのメッセージを伝えたがっていると読み取ります。

ただし、やり方にはとらわれず、あなただけの方法を見つけ、気軽に自由なリーディングを楽しんでくださいね。

ジャンピングカードが出ない場合は？

ジャンピングカードが出ないときは、納得できるまでシャッフルし、カードの山の一番上のカードを引きましょう。カードが持てないサイズの場合は、テーブルの上で混ぜ、同様にまとめてひと山にしたカードの一番上を引きます。

オラクルカード　1枚引き リーディング例

実際の相談に対する、あんずまろんによるオラクルカードの鑑定例です。そのメッセージから、元気をもらいましょう。

相談 1　彼にとって私はどういう存在でしょうか？

学生時代からの仲のよい男性がいて、はっきりとつき合おうと言ったことも言われたこともなく、ずるずると体の関係が続いています。私は好きなのですが、相手がどう思っているかわからないし、聞くことができません。今後どうなっていきますか？　（20代・女性）

使用カード／ Vivid aura
Birth Card Oracle Card

 リーディング結果

「感謝」のカードが出ました。お相手はあなた様のことを純粋に好きで、「つき合おう」と言いそびれたまま続いてしまったようです。映し鏡のようにお互い同じように思っていて、それはあなた様も同じです。つき合っていないのなら不誠実なことはしたくない、ということをあなた様から伝えれば、向こうから正式につき合いたいと言ってくるでしょうから、安心してくださいね。

相談 2 片思いの彼に告白するのはいつ？

ある飲み会で、職場の同僚のやさしい一面を知ってから好きになりました。私はシングルマザーで彼は独身です。自分から告白してもよいでしょうか？ （30代・女性）

引いたカード

🐰 リーディング結果

「最善のメッセージを与えてくれる」「シンクロニシティは、たくさんある」のメッセージから、待っていていいですからね。おそらく向こうから最良のタイミングで告白してきそうです。お相手とシンクロしていることが多くなってきたら、告白されるサイン。あなた様から動かず、待っていて大丈夫ですよ。

使用カード／ Reaching Happiness Oraclecards

相談 3 もうすぐ30代になります。どんな運勢？

来月の誕生日で30歳になります。これまでパッとしない人生でした。30代になるので心機一転、新しい自分になりたいです。どんな運勢か教えてください。 （20代・女性）

引いたカード

🐰 リーディング結果

知的な男性の方と出会いがありそうです。誠実で、こだわりが強い職人肌。独占欲がある方のようですが、かわいい焼きもち程度なので心配はいりませんよ。また、あなた様に才能が開花し、新しい仕事や人との出会い、楽しい発想が生まれそう。周囲にアンテナを張って、さまざまなものに興味をもっていくとよさそうです。

使用カード／ The PSYCHIC TAROT for the HEART ORACLE DECK

相談 4　失恋からどうしたら立ち直ることができる？

片思いをしていたバイト先の店長に思い切って告白しましたが、軽く流されて、失恋しました。バイトに行くのもしんどいです。どうしたら立ち直れますか？　　　　　　　　　　（20代・女性）

引いたカード

リーディング結果

　無理に立ち直ろうとしなくても大丈夫。「BUTTERFLY SPIRIT」は変化のときに出るカードなので、自然にあなた様の環境に変化がありそうです。あなた様がしんどいのであれば、可能なのであればバイトを変えてもいいと思います。あなた様がストレスを感じない好きなことをしているうちに、いずれ気持ちが楽になりますからね。

使用カード／The Spirit Animal Oracle

相談 5　転職が決まりました。どうなりますか？

希望していた不動産業への転職が叶い、来月から新しい職場になります。どんな運命が待っているか、楽しみです。うまくいくでしょうか？　　　　　　　　　　（40代・女性）

引いたカード

リーディング結果

　「THE THINKING MAN」が出ました。あなた様を助けてくれる紳士的な上司ができそうです。あなた様を大事にしてくれる、頼りになる方のサポートで仕事もとてもうまくいきます。職場でも早く打ち解けられるし、仕事で困ったことがあっても助けてもらえます。あなた様を成長と自立に導いてくれるので、期待してください。

使用カード／ENERGY ORACLE CARDS

相談 6 夫との関係を修復したいのですが……。

結婚して15年たちましたが、折り合いが悪く、夫婦の会話がありません。私としては以前のような関係に戻りたいのですが、この先どうなるでしょうか。 （40代・女性）

引いたカード

リーディング結果

「HAPPY,HAPPY」が出ました。今後、すごく楽しくやっていけそうです。いっしょに映画やドラマといった映像作品を見るという共通の趣味をきっかけに会話が始まり、展開をいっしょに楽しむうちに以前のような関係に戻れる暗示です。大人向けのラブコメのドラマや映画がよさそうなので、探してみてはいかがでしょうか？

使用カード／ WISDOM of the ORACLE

相談 7 子猫を飼い始めました。どんな生活が待っている？

ご縁があって子猫を飼い始めました。とてもかわいくて、癒されています。猫ちゃんが思っていることや、今後どんな生活が待っているか、知りたいです。 （30代・女性）

引いたカード

リーディング結果

猫ちゃんはこれまで寂しかったと言っていて、あなた様という唯一無二の方との出会いを喜んでいます。あなた様も孤独感を抱えていて、お互いに同じ思いがあるようです。これからは、うれしいときも悲しいときもいっしょに寄り添っていく、気持ちを共有しあえるパートナーになれそうです。大事にしてあげてくださいね。

使用カード／ NICOLETTA CECCOLI Oracle

オラクルカード Q&A

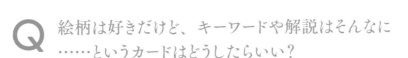

自由さが魅力だけど、わからないことも多いオラクルカード。
初心者ならではの疑問に著者・あんずまろんが答えます。

Q 絵柄は好きだけど、キーワードや解説はそんなに……というカードはどうしたらいい?

A
オラクルカードはフィーリングや相性が大事なので、絵柄が好き、と思えたなら、それはあなた様とそのカードにご縁があると考えてよいでしょう。逆に、カードを広げて見てみたらそんなに好きじゃなかったというものは、お部屋に飾るだけでもよいと思いますよ。解釈は自由なので、ご自分の思うようにイメージを広げてリーディングをすることで、カードからのメッセージを読み取れるようになります。何回もカードと触れ合い、リーディングするなかで、だんだんとカードへの違和感も薄れてくると思いますので、試してみてくださいね。

Q オラクルカードでは、いいカードしか出ませんが、それでいいの?

A
オラクルカードは、優しく、ポジティブな意味が込められていることが多いので、〝いいカードしかない〟と感じられるかもしれませんね。明るい印象や、前向きなメッセージが暗示されるからこそ、オラクルカードからは元気がもらえるといえます。ご自分の思うように解釈をしてよいので、今の気持ちにぴったりなアドバイスを胸に、楽しい生活を送ることができれば何よりです。

Q 心身が弱っているときにリーディングしてもOK？

A 　心身が疲れているときにオラクルカードを引くと、「疲れてませんか？」「少し休みましょう」というカードが出ることが多いと思います。それくらい、カードはあなた様のことを理解しています。忙しくて心の余裕がないときには、カードからのメッセージをうまく読み取れないこともあるかもしれませんね。カードに振り回される必要はありませんので、少し休んで、リラックスしながらリーディングを楽しんでみてください。

Q 海外のオラクルカードは、私の日常になじむ？

A 　美しく、幻想的なカードが多い海外製のオラクルカード。日本に住んでいる私たちとは宗教観や生活環境が異なるように感じられるかもしれませんね。しかし、フィーリングが合い、直感で「好き」と思えたなら、ご縁があると考えて使用してみましょう。最初に解説書をよく読み、イメージを広げることで、自分との共通点、気になる絵柄から連想されることがつながっていくはずです。そのカードに親近感をもちながら使っていくうちに、あなた様なりの発想力で、ご自分だけのリーディングができるようになります。

Q オラクルカードとタロットカードはいっしょに使える？

A 　私の YouTube チャンネルでは、タロット占いにオラクルカードをあわせて占うこともあります。タロットだけでは見えにくいことを、オラクルに教えてもらうようなイメージです。慣れないうちは、どちらかだけにしておいてもよいと思います。同じ質問を占ったとき、一見、違う結果が出たように見えたとき、どう読み解くのかには練習が必要です。明るいメッセージがほしい場合はオラクルカード、具体的なアドバイスがほしいときはタロット、と使い分けるとよいかもしれませんね。

毎日のワン・オラクル占い 運気アップキーワード

88ページで紹介しているワン・オラクル占いを使って、毎日のラッキー占いができます。エンターテインメント感覚で気軽にトライしてみてくださいね。

	0 愚者 THE FOOL.	I 魔術師 THE MAGICIAN.	II 女教皇 THE HIGH PRIESTESS.	III 女帝 THE EMPRESS.	IV 皇帝 THE EMPEROR.
カラー	緑	赤	月白[※]（げっぱく）	桃色	緋色（ひいろ）
アイテム	ミニバッグ	ペン	本	ソファ	王冠
食べ物	ピザ	オムライス	ザクロ	マカロン	お酒
場所	山	ショッピングモール	図書館	家具店	博物館
動物	イヌ	サル	シカ	クジラ	トラ
花	サザンカ	バラ	ユリ	サクラ	ボタン

※月白とは、月の光のような薄い青みを含んだ白色のこと。

占い方

❶ 大アルカナ22枚をシャッフルして、カードをみっつの山に分け、好きな順でひとつにし、再度シャッフル。

❷ インスピレーションでカードを1枚選びます。そのカードが今日の運気アップキーワードを示してくれます。

Ⅴ 法王	Ⅵ 恋人	Ⅶ 戦車	Ⅷ 力	Ⅸ 隠者	Ⅹ 運命の輪
THE HIEROPHANT.	THE LOVERS.	THE CHARIOT.	STRENGTH.	THE HERMIT.	WHEEL of FORTUNE.
錫色（すずいろ）	つつじ色	青	橙色（だいだいいろ）	青褐（あおかち）	黄赤※
専門書	写真	車	ぬいぐるみ	ライト	時計
サラダ	クレープ	ラムネ	シュークリーム	あんこ	寿司
学校	ゲームセンター	駅	動物園	観光地	ライブハウス
カエル	白蛇	ウマ	ライオン	オオカミ	ワシ
スミレ	ナデシコ	ガーベラ	シザンサス	シクラメン	アネモネ

※黄赤とは、赤と黄色の中間の色のことで、橙（だいだい）よりも少し赤みが強い。

Hint　正逆は気にしなくてOK！

　「毎日のワン・オラクル占い」では、正位置・逆位置を気にしなくて OK です。インスピレーションで引いたカードから、運気アップにつなげてみてくださいね。

	XI 正義	XII 吊るされた男	XIII 死神	XIV 節制	XV 悪魔
	JUSTICE.	THE HANGED MAN.	DEATH.	TEMPERANCE.	THE DEVIL.
カラー	白	天色※	灰色	水色	紫紺※
アイテム	剣の小物	フィギュア	ジャケット	水	指輪
食べ物	串揚げ	水まんじゅう	ココア	氷	肉
場所	公的機関	ホビー ショップ	神社	池	ホテル
動物	フクロウ	コウモリ	ハクチョウ	ハト	ヤギ
花	リンドウ	カモミール	スイート ピー	ヨモギ	カトレア

※天色とは、晴天の済んだ空のような鮮やかな青色のこと。

※紫紺とは、紺色がかった暗めの紫色のこと。

166

Point その日の気分を上げるきっかけに

　気持ちを落ち着かせてカードをシャッフルし、集中してその日の1枚を選びましょう。1日の気分を上げるために、お出かけ前に占うのもおすすめですよ。

XVI 塔	XVII 星	XVIII 月	XIX 太陽	XX 審判	XXI 世界
黒	空色	濃藍	黄色	勿忘草色	虹色
鏡	絵画	ブレスレット	花	楽器	映像
炭酸の飲み物	魚	スープ	パンケーキ	パスタ	栗
遊園地	水族館や海	美術館	公園	高台	自宅
アルパカ	イルカ	ザリガニ	パンダ	ウサギ	ネコ
エゾギク	カキツバタ	キキョウ	ヒマワリ	アイリス	アンズ

大アルカナ 解釈例早見表

◆ 正位置

O 愚者	新たなスタート／未知数／アイデアの芽生え／重荷を手放す／出発／チャレンジ／心機一転／まわりを気にしない／刺激的／新しい試み	**XI** 正義	誠実な愛／公平性／筋の通った相手／バランスのよい関係／正当な評価／ルールは絶対／真実の愛／約束は守られる／正しい判断
I 魔術師	高いコミュニケーション力／器用／新たな始まり／リーダーシップ／アイデア豊富／積極的なアプローチ／専門的な技術の向上／自立した人物	**XII** 吊るされた男	修業のとき／学びのある関係／得られるものは大きい／理解してそこにいる／精神を鍛える／逆境すらも糧になる／刺激的な環境
II 女教皇	品行方正／バランス感覚／直感／清楚／精神性の高さ／男性性と女性性／知的欲求／神秘性／プラトニック／内に秘めたもの	**XIII** 死神	生まれ変わり／物事の節目／再生のとき／苦境が終わる／恋愛観の激変／重大な変化／結論が出る／新たな関係性／再出発
III 女帝	安定／繁栄／結婚／妊娠・出産／両思い・大本命／豊かさ／余裕のある暮らし／美や芸術性／可愛らしさや優しさ／女性性の開花	**XIV** 節制	バランスのとれた関係／調和／心が通じ合う／感情の安定／心身のバランスがよい／中立の立場／現実と夢のバランス／自制心
IV 皇帝	情熱的／強い意志／恋の主導権を握ってくれる／貫禄／寛容かつ受容的／上昇志向が強い／安定／行動力がある／権力や地位を得る	**XV** 悪魔	欲望に夢中／性的な関係／依存・虜／学びの機会／体調管理しよう／エゴに気をつけて／濃い記憶／罪悪感を感じてませんか？／中毒
V 法王	誠実／いい縁談／教養がある／常識がある／温厚／周囲から慕われる／信頼できる／ルールに忠実／尊敬できる恋人／協調性・平等性	**XVI** 塔	衝撃的なできごと／価値観の大きな変化／予期せぬ転換期／突然のアクション／本音を告げられる／青天の霹靂／新たな始まり
VI 恋人	恋の大チャンス／心から楽しい恋愛／ロマンチックな恋愛／ノリがよい／正しい選択／両思い・同棲・結婚／和気あいあい／日々の充実	**XVII** 星	長年の苦労が報われる／願いが叶いやすい／願望実現／等身大でくつろげる関係／希望にあふれている／運が開ける／あなた様らしく
VII 戦車	大きな進展／勢いや情熱のある恋／勇敢で勢いのある相手との縁／スピード婚／ライバルすらも追い抜く／相手からのアクション	**XVIII** 月	あいまいな関係／複雑な恋愛関係／思い込みすぎないで／見えないものへの不安／内観して／物事の見えない側面／潜在意識
VIII 力	この恋は手中に／精神的な成長や強さ／大恋愛／唯一無二の相手／助け合える／自立できている／受け入れる心／困難な状況を克服	**XIX** 太陽	恋愛成就／祝福される関係／明るい・元気・パワー／成功／希望に満ち溢れた未来／能力と才能の発揮や開花／純粋・素直さ／大好き
IX 隠者	真面目な相手／探求心／研究や学問／一途な恋／精神的な成長／賢い判断／奥手／真実の愛／胸に秘めた思い／洞察力	**XX** 審判	復活・再生／復縁／覚醒／精神的な成長／和解／やり直せる／気づきを得る／新しい出会い／改めてよさを実感する／再出発
X 運命の輪	時は来た／絶好のタイミング／思いがけないラブチャンス／運命的な出会い／波に乗ろう／出世や昇進／流れは来ている／再起／成功	**XXI** 世界	完成／恋愛成就／結合・勝利・最強／ハッピーエンド／最高の終着点／達成・到達／ベストカップル／結束が固い／信頼のおける関係性

大アルカナの正位置・逆位置について、あんずまろんの解釈例を
まとめました。

◆ 逆位置

0 **愚者**	実は内観中／未開発・未熟／初心者ゆえにこする／期待に応えたい／経験を積もう／見直しを怠らずに／責任をもち始める／方向転換してみる
I **魔術師**	迷いがある／本領発揮できていない／経験・訓練不足／警戒心が強い／得意を磨こう／自信をなくしている／打開策が見つからない
II **女教皇**	休憩が必要／直感が働きにくい／神経質／素直になれない／思い込みが激しい／内観してみて／じっくり取り組むとき／物事がはっきりしない
III **女帝**	不安を感じている／疲れて余裕がない／自分磨きのとき／独占欲／わがままが出やすい／さみしく感じる／浪費に注意／ご自分を大切に
IV **皇帝**	自信がない／イライラしていませんか？／計画の見直し／裸の王様／継続力を鍛えて／手助けが必要／周りの意見を聞いて／空回り
V **法王**	ルール違反／常識に縛られすぎ／誠実さが感じられない／不信感を感じていませんか？／頑固／行動力がない／有言実行を
VI **恋人**	本音が言えない／節度をもって／意思の疎通を大切に／集中力に欠ける／嫌われていないか不安／感情をコントロールしよう
VII **戦車**	感情をコントロールして／暴走しないで／やりすぎ注意／冷静に／気弱になってませんか？／気弱になっているかも／不安なら内観を
VIII **力**	感情をコントロールしよう／相手に合わせすぎないで／振り回されすぎない／マイペースに生きて／内観して／思い込みすぎない
IX **隠者**	本音が言えない／頑固／さみしい／信じることが怖い／引きこもり／集中力が欠けがち／考えすぎ／マイナス思考／単独行動
X **運命の輪**	もう少し／流れに身をまかせて／諦めるのは早い／次の機会に期待／アンテナを張ろう／最良のときはもうすぐ／学びのとき／空回りに気をつけて

XI **正義**	はっきりしよう／バランスがとれていない／融通が利かない／判断ミスに気をつけて／あいまいな関係／公平さを求める／頑固／正直に話してみよう
XII **吊るされた男**	解決策を探している／抱え込まないで／体調管理を／視界を広げて／努力の方向の見直し／進展を求める／行き詰まっていませんか？
XIII **死神**	踏ん切りがつかない／諦められない／変化への恐怖／勇気が出ない／思い切った方向転換が必要／一新してみよう／思い切ってみる
XIV **節制**	情緒不安定ぎみ／偏りすぎかも／アンバランス／感情の起伏が激しい／極端なリアリスト／現実もほどよく見て／慎重すぎかも／心のケアを
XV **悪魔**	理性と情熱のバランスをとって／健全な関係を目指す／依存性が薄まる／最もよい関係になる／悪縁を断ち切る／気持ちを入れ替える
XVI **塔**	予兆や前兆／ミスに気をつけよう／態度を改めて／感謝の気持ちを忘れずに／準備は事前に／被害妄想に気をつける／視野を広げる
XVII **星**	悲観的な気持ち／不安になっている／プライドが高い／意地を張ってしまう／素直になれない／可能性が見いだせない／等身大でOK
XVIII **月**	信頼の絆を取り戻す／迷いの心が晴れる／真実が明らかに／もつれた関係が解消／気持ちが安定する／事態が好転する／安心・安堵
XIX **太陽**	本領発揮できていない／自信がない／あなた様らしさを大切に／体調管理に気をつけて／エネルギー不足／少々お疲れ気味／自然を感じてみて
XX **審判**	諦められない恋／長い関係性／視点を変えてみて／望みがないと思っていませんか？／努力が報われないと思っている／経験から見直しを
XXI **世界**	完成まであと一歩／努力すれば最善の結果に／勝利は目前／調和をとればうまくいく／タイミングはすぐそこ／運気の波がきている

小アルカナ 解釈例早見表

ワンド

正位置	ワンドのA	ワンドの2	ワンドの3	ワンドの4
	情熱に火がつく／ひと目ぼれ／活力／野心／始まり／やる気が出る／心身共にエネルギーに溢れる	展望が開ける／未来への期待／第一歩／グローバルな視点／二者択一／壮大な計画／前向き	ひとつの到達点／よい節目／新たな関係性／明確なビジョン／目標や可能性の一新／企画の成功	実りの時期／安心感／安らげる相手／ひと息つける／平和的／幸福／立ち止まることで気づける発見
ワンドの5	ワンドの6	ワンドの7	ワンドの8	ワンドの9
切磋琢磨できる関係／競争率が高い／健全な競争／意見交換が大切／必要な議論／向上心	勝利・成功／祝福される恋愛／大活躍／プロジェクトの大成功／名誉が得られる／困難の末の祝賀	有利でいたい／見えないものとの闘い／プライドが高い／不安／奮闘／立場を保つため必死	急展開／スピード恋愛／情報が急に降ってくる／突然の連絡／想像より早く結果が出る	相手の出方を待つ／待つのみ／用意周到／やるだけやった／後は運にまかせる／持久戦
ワンドの10	ワンドのペイジ	ワンドのナイト	ワンドのクイーン	ワンドのキング
負担が大きい／責任や重圧／価値のある経験／義務を果たす／自分次第で道が開ける	純粋な恋／素直で明朗／かわいい年下／正直／向上心がある／目標のために努力をしている	情熱的／積極的なアプローチ／恋愛への意欲の高まり／若さと勢いがある／前向きな姿勢	自立した華やかな女性／優しく愛想がよい／寛大で懐が大きい／魅力的に思われている	情熱的で高い理想をもつ相手／リードしてくれる／自営業の適性／誇り高く気高い／勇敢かつ崇高
逆位置	ワンドのA	ワンドの2	ワンドの3	ワンドの4
	空回り気味／自分本位／お疲れ気味かも／少しだけ冷静に／暴走に注意／エネルギー不足／充電を	計画倒れに注意／働きすぎかも／迷いの最中／自信がない／目標を見直して準備はしっかりと	着実に進めていこう／コツコツ励もう／行動してみよう／先の見えない不安／相談してみて	生活習慣の見直しを／進展を求めている／不安な気持ち／動き出せずにいる／過度な贅沢に注意
ワンドの5	ワンドの6	ワンドの7	ワンドの8	ワンドの9
相手の意見を取り入れる／内面での葛藤／お相手への理解も必要／視野を広げて／不必要な議論	敗北感／進展を求めている／賛同を得たい／反対派に負けないで／地位が揺らがないか不安ですか？	強がりへの疲労／虚勢の張りすぎ／助けてほしいかも／余裕がない／防戦状態／誰かに頼ってみて	じわじわ進む／着実な進展／水面下で動く／流れに身を委ねて／停滞を感じていませんか？	やるべきことがある／詰めが甘い／準備を怠らずに／頑固になっていませんか？／細かなミスに注意
ワンドの10	ワンドのペイジ	ワンドのナイト	ワンドのクイーン	ワンドのキング
プレッシャーに押しつぶされそう／ひとりで背負わないで／相談してみて／重荷なら手放してもよい	子どもっぽい／素直になれない／偏った考えに注意／計画性がない／発展途上／下積みが大切	相手を振り回している／安定志向／よく考えてみて／暴走には気をつけて／もう少し落ち着いてみて	負けず嫌い／強がってしまう／意地を張る／あまのじゃく／本当の願いを思い出して／少しずつ自信を	少々野心的／有言実行を／横暴な態度に注意／周りを一度見てみよう／冷静になってみませんか？

170

小アルカナ正位置・逆位置について、あんずまろんの解釈例を
スートごとにまとめました。

 カップ

正位置	カップのA（エース）	カップの2	カップの3	カップの4
	愛情を抱く／満たされる恋愛／穏やかな愛／男性性と女性性の調和／性別を越えた崇高な愛／感受性	両思い／唯一無二の相手／心がつながる／信頼し合っている／バランスのとれた関係性／誓い	祝杯・祝賀／グループ交際／祝福される関係／連携／友情／協調性／喜びを分かち合う	孤独を感じている／どこか満たされない／不満／解決策はある／周りを見て／身近な幸せに気づいて
カップの5	**カップの6**	**カップの7**	**ワンドの8**	**カップの9**
思い込み／心を閉ざしている／一時的な絶望／失ったと思っている／内観中／マイナス思考気味	童心・純粋さ／過去の回想／思い出す／親愛の情／ノスタルジー／自分の本心に気がつく	妄想／やりたいことが多い／幻想／現実逃避／空想／夢／甘い夢だと思っている	新しい目標／目が覚める／新たな関係性／出発／ひと区切り／考え方の変化	願いが叶う／達成や成功／ラッキーなできごと／大抜擢／物事の解決／うれしい展開
カップの10	**カップのペイジ**	**カップのナイト**	**カップのクイーン**	**カップのキング**
将来を約束／満ち足りた幸福／家庭的・安定／支え合う関係／円満／大解決／将来のパートナー	ピュアな恋愛／かわいらしい／感性が豊か／純粋な心／センスよし／人懐っこいお相手／アイデア豊富	優しくロマンチスト／紳士的な相手／穏やかなアプローチ／聞き上手で話し上手／ルックスがよい	内に秘めた深い思い／献身的／感受性が強く繊細／神秘的／見抜く力／非常に美しい	寛容なお相手／愛情深い／人望のあるお相手／精神性が高い／懐が深い／美しい心の持ち主

逆位置	カップのA（エース）	カップの2	カップの3	カップの4
	愛情を感じられず不安／どこか満たされない／孤独感／自信がない／何かが足りないと思っている	偏りすぎに注意／バランスを大切に／疑心暗鬼／自分に安らぎを／意思の疎通が大切	グループ間の悩み／わかち合えない不安／人見知り／個々を大事に／孤独を感じていませんか?	目が覚める／名案が浮かぶ／状況が好転／希望が湧く／変化のとき／悩みから抜け出せる
カップの5	**カップの6**	**カップの7**	**カップの8**	**カップの9**
まだ可能性あり／サインに気づいて／方向転換をしてみよう／すべて終わったわけではない	過去を後悔／昔の辛い経験／忘れられない記憶／幼少期のトラウマ／現実逃避／進めずにいる状態	本当の気持ちに気づく／目が覚める／現実と向き合う／高望みではない／目的が明確になる	堂々巡りに注意／手放せない不安／内観してみて／切り離せない／どうしたいのかを考えてみて	不安を抱いている／満たされていませんか?／自信がない／傲慢にならないように気をつけて／浪費に注意
カップの10	**カップのペイジ**	**カップのナイト**	**カップのクイーン**	**カップのキング**
人間不信／将来への不安／家庭にトラウマ／感謝の気持ちを忘れずに／思いやりを大切に	子どもっぽい／未熟／知識をつけて／かなりの甘えん坊／有言実行しよう／自立したいと思っている	軽薄に見られる／言葉選びに気をつけて／優柔不断に注意／誠意のある発言をしよう／理想を掲げて	思い込みが激しい／心を開けない／内向的／マイナス思考に気をつけて／人間不信かも／休息を大切に	優しすぎる／余裕がない／人間不信／疑心暗鬼／あいまいな態度に注意／自信がない

171

ソード

	ソードのA（エース）	ソードの2	ソードの3	ソードの4
正位置	感情に流されない／精神力の強さ／正しい決断／知恵がある／判断力／頭脳明晰／正しい言葉遣い	バランスを保っている／内観している／瞑想／均等／感情に流されすぎない／心の目／見極める必要性	傷心／疲れ気味／トラウマがある／ストレスを抱えている／悲しい記憶／人を信じられない／ゆっくり休んで	タイミングを待つ／少し休憩／体調回復／充電期間／癒しが必要／過去のトラウマから立ち直る
	ソードの5	**ソードの6**	**ソードの7**	**ソードの8**	**ソードの9**
	エゴが強くなっているかも／強欲／言葉や態度に気をつけて／計画的／一度周りを見てみて	新たな出発／移動・引っ越し／方向転換のとき／環境の変化／新しいスタイル／新天地	戦略的／駆け引きしてしまう／頭がよい／うまい儲け話に注意／言い訳しがち／様子を見ている	身動きがとれない／制限される／考えに縛られる／解放されたい／束縛の激しいお相手	悪夢／将来への不安／妄想に苦しむ／思い込み／深いトラウマ／人間不信／抱え込みすぎないように
	ソードの10	**ソードのペイジ**	**ソードのナイト**	**ソードのクイーン**	**ソードのキング**
	夜明け前／疲れ気味／プレッシャーを抱える／問題解決は目前／苦しみの終わりへの暗示	情報収集が得意／用意周到／油断しない行動／下調べが大切／状況の変化／立ち回りがうまい	スピード感／勇敢で判断力のある相手／計画性のある行動／急展開／合理的で素早い／展開が速い	思慮深く優秀な女性／感情に流されない／鋭い観察力／正しい判断／相手の言い分を考慮する	冷静かつ賢明／信念がある／白黒はっきりさせる／判断力がある／理論的／理性的／強い意志

	ソードのA（エース）	ソードの2	ソードの3	ソードの4
逆位置	言葉使いに気をつけて／決断力が欠けがち／迷いがある／相談してみて／コミュニケーションが苦手	アンバランス／人間不信／少々利己的／進展を求めている／本音が言えない／感情が乱れがち	少しずつ回復していく／再起へ向かう／夜は明ける／糧になる／苦しみはもう終わり／成長のきざし	動き始める／行動を起こす／再び動き出す／準備ができてきた／復活／状況がよくなる
	ソードの5	**ソードの6**	**ソードの7**	**ソードの8**	**ソードの9**
	見直しの機会／人間不信／誠実な行動を／意見に耳を傾けて／信用を失わないよう	迷っている／変化への不安／立ち止まっている／恐れがある／新しいことを受け入れられない	やり直しがきく／思いとどまる／考え直す／誠実になる／信用を取り戻す／自分の行動を見直す	誤解に気づく／無抵抗な状態をやめる／救出される／動き出す／自由になる／希望が見える	現状が見える／不安からの解放／苦痛の消失／明るいムードが戻る／見とおしが立つ／悩みが消える
	ソードの10	**ソードのペイジ**	**ソードのナイト**	**ソードのクイーン**	**ソードのキング**
	希望がみえる／再出発／状況が好転／解決の糸口が見つかる／明るい見とおし／どん底を脱する	計画倒れに注意／誤解に注意／ためらいやすい／一歩を踏み出して／チャンスをつかんで／しっかり準備	無鉄砲／命知らず／計画の見直しを／後先考えて行動しよう／思いやりを大切に／突破口を見つけて	精神的に不安定かも／疑心暗鬼／休みどき／正しい判断ができない／言葉や態度に気をつけて	独裁者気味／威圧的な態度に気をつけて／周りを見て／クールすぎ／一旦考えてみて

ペンタクル

正位置	ペンタクルのA（エース）	ペンタクルの2	ペンタクルの3	ペンタクルの4
	目に見える豊かさ／最初の一歩／物質的な喜び／五感の発達／恋の始まり／努力が実る	バランスが取れている／やりくり上手／協調性のあるお相手／両立できている／調整中	交際に発展／距離が少しずつ近づく／協力／共同作業／まじめに向き合う／計画の達成	所有／独占的／保守的／堅実／状況の維持／絶対に手放さない／財産／富／地位を守る

ペンタクルの5	ペンタクルの6	ペンタクルの7	ペンタクルの8	ペンタクルの9
行き詰まりを感じていませんか？／寄り添えるパートナー／収入面の不安／体調管理を大切に	平等性／分配する／対価／持ちつ持たれつ／ギブアンドテイク／対等な立場／需要と供給のバランス	思案中／仕事への悩み／次の一手を今以上を求めている／結果に満足できない／計画の見直し中	大器晩成／仕事熱心なお相手／コツコツ努力／やがて必ず実る／継続は力なり／誠実なお相手	豊かな女性／恵まれた環境／玉の輿／食事の誘い／信頼を得る／実力が認められる

ペンタクルの10	ペンタクルのペイジ	ペンタクルのナイト	ペンタクルのクイーン	ペンタクルのキング
成功や反映／両思い・結婚／継承／恵まれた生活／長く続く関係／幸せな家庭／繁栄／遺産／子孫	地道に進む／勤勉／努力家／実力がつく／可能性を秘めたお相手／堅実な恋／アイデア豊富	堅実でまじめなお相手／安定志向／忍耐強く目標達成／努力家／スピードよりも正確さ	結婚を前提に交際／良妻賢母／正式なパートナー／家庭的な女性／生み出す力／慈悲深い	経営者のお相手／財力／富と地位と権力／大出世／堅実でじっくり／安定感のあるお相手

逆位置	ペンタクルのA（エース）	ペンタクルの2	ペンタクルの3	ペンタクルの4
	成功までもう少し／満たされず不安／不完全／不足しているかも／金銭的不安／なくしそうで怖い	浮き沈みが激しい／コミュニケーションが苦手／対応ができない不安／不安定気味／偏りがち	独りよがりに注意／協調性が重要／アドバイスを聞いて／未完成／それぞれの個性を大切に	保守的すぎる／あれもこれも欲しい／過度な独占欲／過剰な守り／取られないか不安／金銭的不安

ペンタクルの5	ペンタクルの6	ペンタクルの7	ペンタクルの8	ペンタクルの9
そろそろ再出発／内観して／助けがほしい／ひとりじゃない／夜は必ず明ける／援助が必要かも	偏りすぎかも／不平等／納得がいかない／公平さを欠く状態／不正受給／浪費に気をつけて	具体的な行動を／中途半端かも／途中放棄の恐れ／軌道修正を／才能を生かして／動いてみよう	集中力を大切に／単純作業／継続力をつけよう／技術を身につけて／焦らずに／作業に飽きやすい	贅沢に注意／感謝の気持ちをもって／現状への不安／お疲れ気味／傲慢に注意／視野を広げてみよう

ペンタクルの10	ペンタクルのペイジ	ペンタクルのナイト	ペンタクルのクイーン	ペンタクルのキング
家庭問題／遺産問題／経済的に不安／浪費に気をつけて／将来への不安／話し合いを大切に	恋愛に奥手／夢見がち／子どもっぽい恋／偏った思考／頑固／地に足をつけよう／視野を広げよう	堅物／頑固すぎる／保守的すぎる／動きが遅め／進展を求めている／守りに入りすぎている	消極的／自己保身／家事が苦手／失うことを恐れている／視野を広げてみて／排他的かも	物欲に注意／お金がすべてではない／仕事に偏りすぎ／散財に注意／エゴイスト気味

おわりに

さて、本書を読んでみて、いかがでしたか?
あなた様は、どのようなお気持ちでここまで辿り着いたでしょうか。

さまざまなカードと触れ合うことで、
占いの楽しさや優しさ、神秘的な魅力を知っていただけたらうれしいです。

私も初めてタロットカードに触れたときは
何もわからず、カードからのメッセージすら受け取ることができませんでした。

ですが、毎日ゆっくりとカードに触れることから始め、
何度も占いを繰り返し、楽しさを知り……こうして現在の私があります。

継続することって口でいうのは簡単なことですが、
実際にやってみるとすごく大変ですし、辛いですよね。

だからこそ、"あなた様らしさ"を大切にしていただきたいです。
あなた様のペースで、好きなときにタロットと触れ合ってみてくださいね。

あなた様が抱く、タロットカードのイメージは変わりましたか?
不思議?　楽しい?　だんだん面白くなってきた?
それとも……。

答えはすでに、あなた様のなかにあります。

あんずまろん

YouTube でリーディング動画配信を中心に活動中のフォーチュンテラー。2020年11月に初めての動画を YouTube に投稿し、約半年弱で登録者数10万人を突破。タロットカードのほか、オラクルカードやルノルマンカードなどを用いた占いが好評。占いを新しい概念のツールとして使っていけるよう、オンラインサロン運営などさまざまな活動を行っている。

- 好きな色→水色
- 常に持ち歩くアイテム→チコリータ、自作ルノルマンカード
- 好きな食べ物→クロワッサン、すき焼き、酢もつ
- 好きな場所→森の中にある滝や川
- 好きな動物→犬、マンタ、レッサーパンダ

"じゃーにゃん"が主人公のルノルマンカードが今のお気に入りです!

◉あんずまろんYouTubeチャンネル

インスピレーションをもとにしたカードリーディングを行っている YouTube チャンネル。見た人がモチベーションを上げ、毎日を楽しくマイペースに過ごしていけるよう、また願望実現や現実化のための動画を配信中。総登録者数15万人を突破(2021年11月現在)。

◉あんずまろん公式サロン「あんずまろんさろん」

毎週の限定占い動画を配信するほか、登録者同士が交流できたり、マイペースに個人でつぶやくことができたりする場所としてオープン。専属心理カウンセラー・ゆうからのアドバイスがもらえるほか、あんずまろんの考え方を深く知り、スピリチュアルの世界に寄りすぎずに、占いやカウンセリングを身近に感じられるサロンです。会員数2000人を突破(2021年11月現在)。

心理カウンセラー ゆうもち

あんずまろんさろん

◉あんずまろん公式Twitter https://twitter.com/anzumaron_twit

◉あんずまろん公式Instagram https://www.instagram.com/anzumaron_insta/

※カバー折り返しに各QRコードがついています。

▶ **staff**

Pablisher／松下大介
Editer in chief／笹岡政宏
Editer／小島あい
Editorial cooperation／右田桂子（株式会社スリーシーズン）
Design／谷 由紀恵
Writer／小林洋子（遊文社）、森田香子
Illustrator／内藤しな子
Calibration／大道寺ちはる
Character designer／堀越 (Twitter@borigiela)

タロットカード・オラクルカード　問い合わせ先
Ⓐ／ルナ・ファクトリー　https://lunafactory.co.jp/
Ⓑ／ライトワークス　https://light-works.jp/
Ⓒ／Blyth　https://www.blythedoll.com/
Ⓓ／ニチユー　https://www.nichiyu.net/

刀剣画報BOOKS 13
やさしく導く　前向きになれる

はじめてのタロット占い

2021年11月30日 初版発行
2023年 2 月17日 3 刷発行
著　者　あんずまろん
編集人　笹岡政宏
発行人　松下大介
発行所　株式会社ホビージャパン
　　　　〒151-0053 東京都渋谷区代々木2-15-8 新宿HOBBYビル
　　　　電話　03-6734-6340 ［編集］
　　　　　　　03-5304-9112 ［営業］
印刷所　大日本印刷株式会社

乱丁・落丁（本のページの順序の間違いや抜け落ち）は
購入された店舗名を明記して当社出版営業課までお送りください。
送料は当社負担でお取替えいたします。
但し、古書店で購入したものについてはお取り替えできません。